AF607029

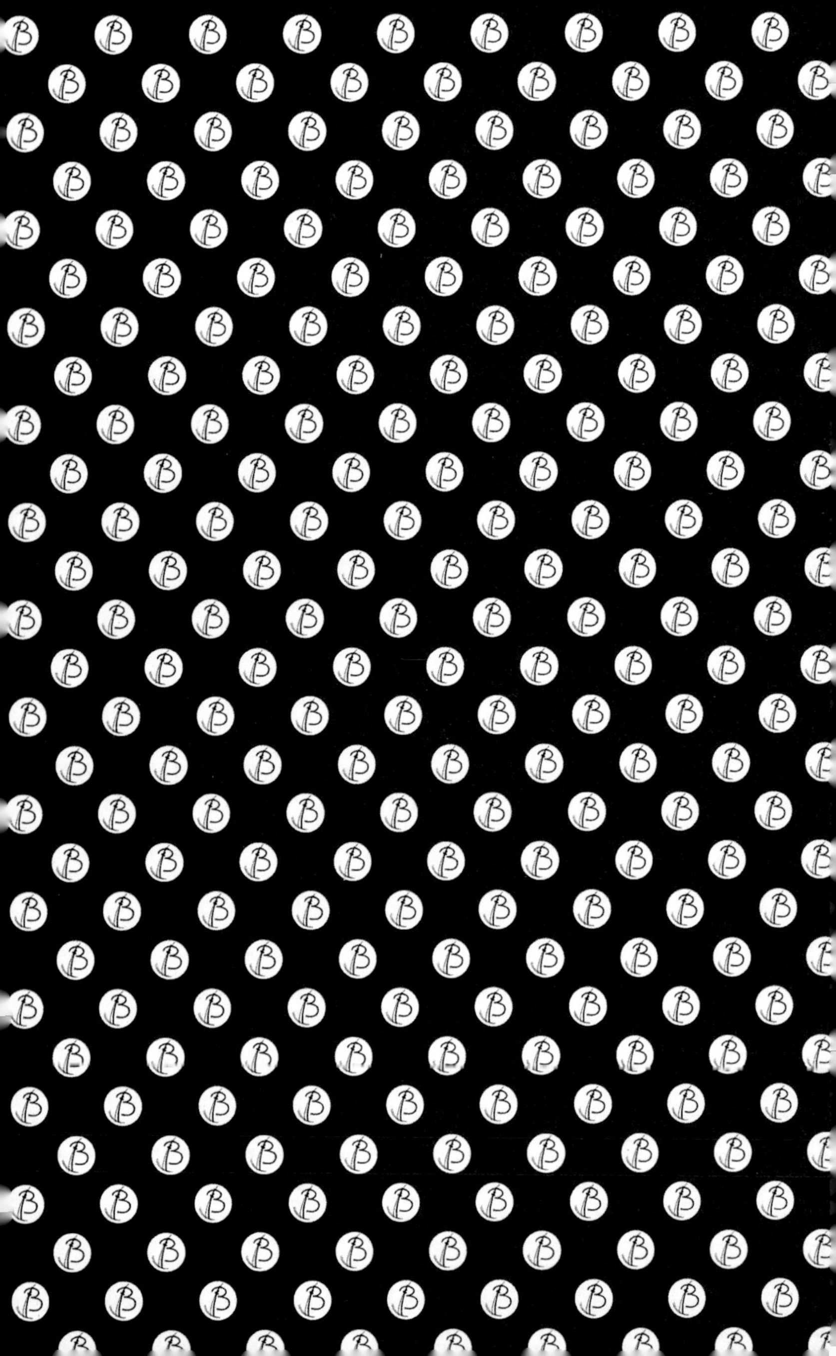

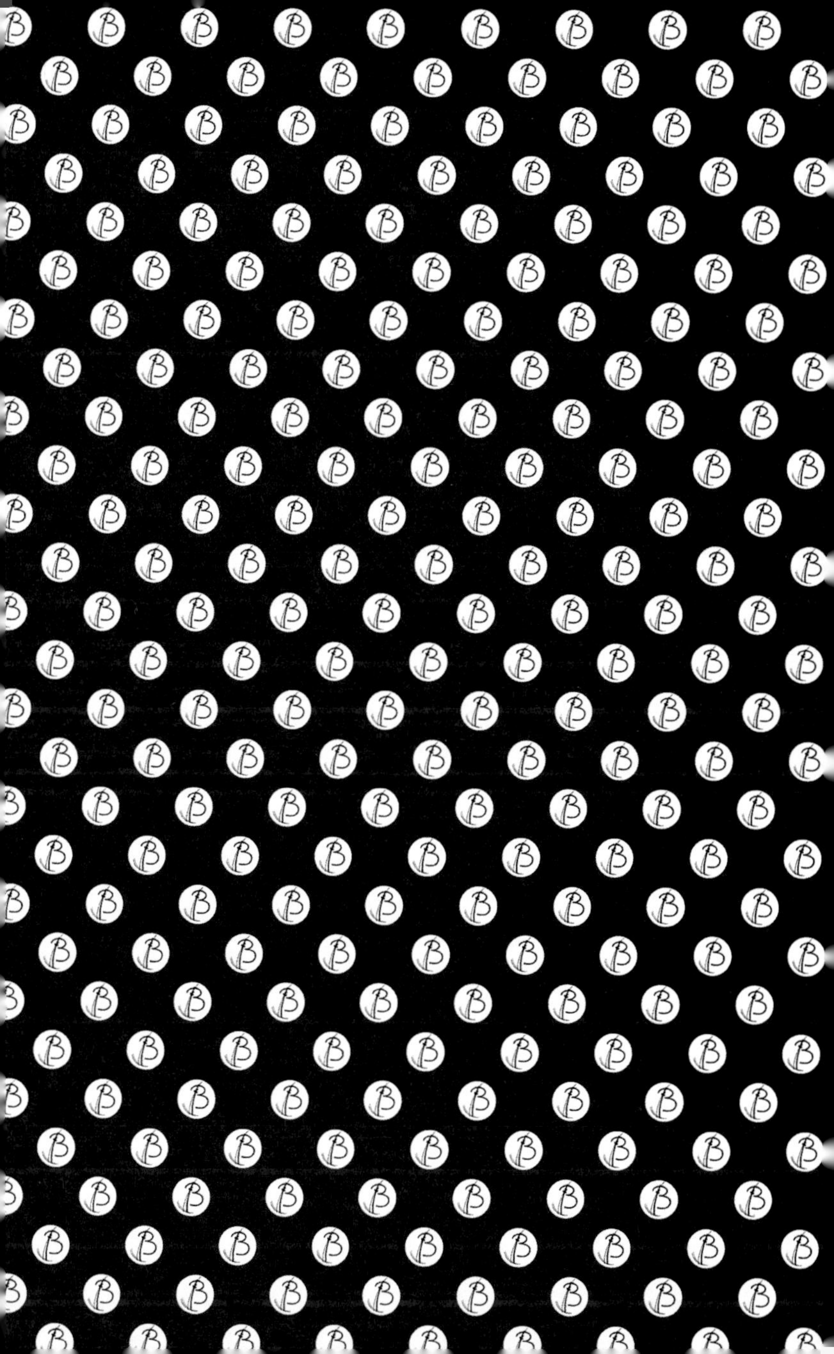

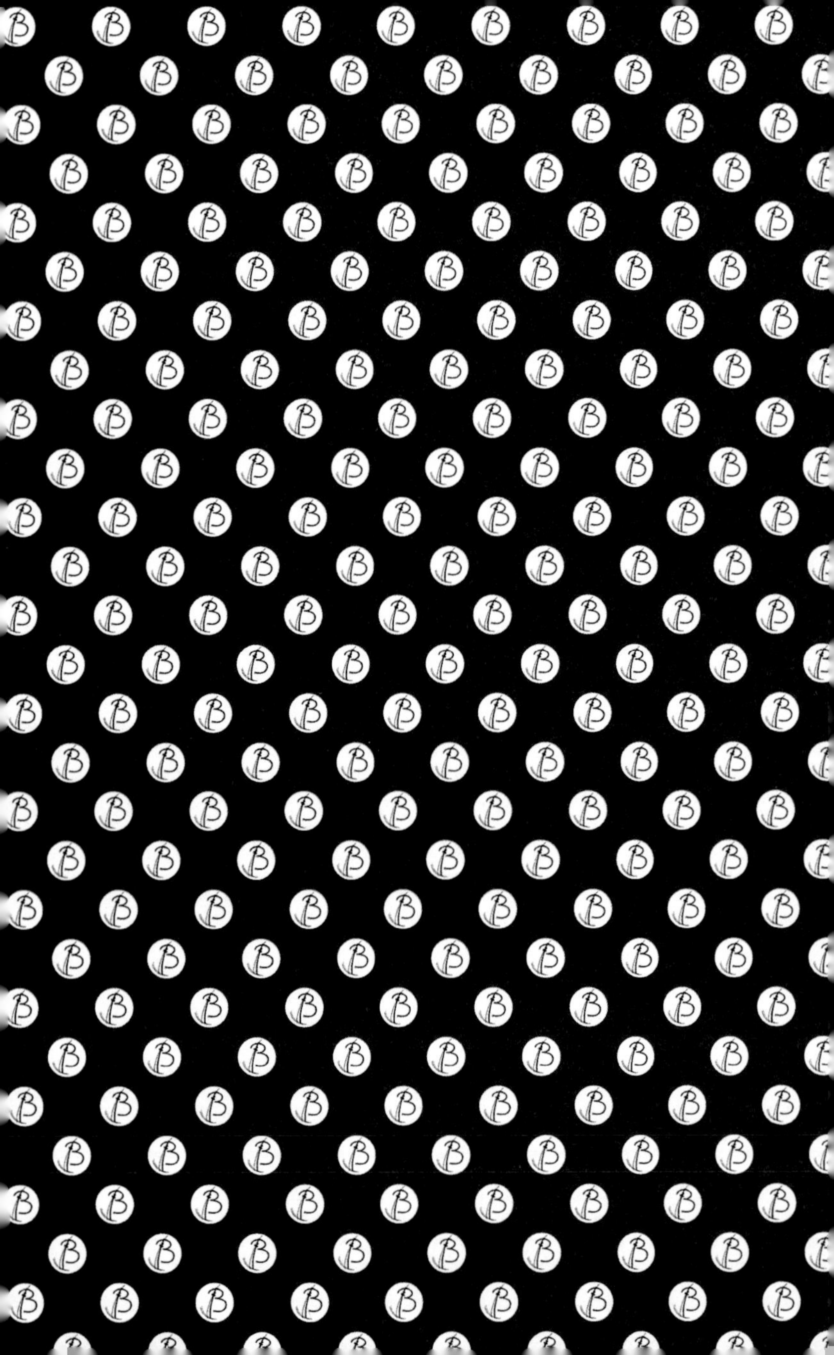

Alberto Torres Blandina

El arte de educar a estúpidos

Una crítica sociológica para recuperar la confianza en la educación

Barlin Libros
Pensamiento al margen

Primera edición: noviembre 2024
Segunda edición: diciembre 2024

© 2024, Alberto Torres Blandina
© 2024, de la cubierta
Isabel Mora
© 2024, de esta edición
Barlin Project SL

Dirección editorial:
Alberto Haller

Publicado por
BARLIN LIBROS
C/ Doctor Zamenof, 27
46008, Valencia

Thema: DNL / JB / JN
ISBN: 978-84-128892-0-8
Depósito legal: V-2237-2024

editorial@barlinlibros.org
www.barlinlibros.org

Cualquier forma de reproducción, distribución, comunicación pública o transformación de esta obra solo puede ser realizada con la autorización de sus titulares del *copyright*, salvo excepción prevista por la ley. Diríjase a CEDRO si necesita fotocopiar o escanear algún fragmento de esta obra.

Tabla

I

Educar en la desconfianza

Imaginen un mundo donde los más jóvenes son encerrados durante horas en un espacio diminuto, bien sentados y en silencio, obedeciendo todas las reglas a riesgo de llevarse un castigo. Donde se les pide que lleguen a un mínimo de productividad en cualquier tarea que se les haya ordenado. Tareas de diversa índole que requieren de diferentes capacidades sean cuales sean las suyas. Y si no consiguen desarrollarlas con cierto éxito son marcados como NO APTOS.

Un lugar del que no pueden salir sin supervisión y en el que no tienen permitido apenas moverse —no te levantes, siéntate bien, no vayas dos veces al baño— ni hablar con nadie hasta que suena un timbre. Entonces, y solo entonces, pueden atravesar los largos pasillos hasta el patio, donde tendrán la posibilidad de caminar bajo el cielo hasta que otro timbre vuelva a sonar treinta minutos después y deban volver a sus cubículos.

Pues bien, este lugar es la mayoría de centros escolares españoles. Y la comparación con un centro penitenciario no es baladí pues el enfoque educativo español, como veremos, se basa en el control y la vigilancia. El ruido de fondo de nuestro sistema es la desconfianza en las capacidades de los estudiantes, considerados inmaduros emocional y cognitivamente hasta edades cada vez más avanzadas.

Por desgracia, la falta de confianza va más allá y domina hoy en día casi todas las relaciones sociales, pero centrémonos por ahora en el ámbito escolar. Podríamos decir que son cuatro desconfianzas las que vertebran nuestro sistema educativo. Por un lado, como acabamos de apuntar, los adultos no confían en los niños y adolescentes, lo que genera un enfoque didáctico cuyos fundamentos son principalmente la supervisión constante y la sobreprotección. Por otro lado, debido tanto a esta vigilancia de los menores como a diversos factores sociales que analizaremos más tarde —derivados entre otras cosas del desprestigio de la labor docente—, las familias no confían en los centros educativos. Como consecuencia, muchos centros superregulan y vigilan de cerca a sus profesores para evitar demandas o fuga de matriculaciones, lo que puede acabar en represión e incluso censura.

Finalmente, esta desconfianza general repercute en los estudiantes. La sobreprotección de los padres unida a unos centros excesivamente regulados y a unos profesores que rehúyen las polémicas y las críticas da como resultado que los jóvenes tardan más en madurar y obtienen muy poca confianza en sí mismos y en sus capacidades.

En conclusión: desconfianza de los adultos hacia los estudiantes, de las familias hacia los centros educativos, de las directivas hacia los docentes y del propio adolescente hacia sí mismo.

Pero vayamos por partes.

Hace un par de años, un joven de dieciséis años saltó la valla del instituto donde estudiaba para irse a un centro comercial con varios amigos de otro instituto. Tuvo la mala suerte de encontrarse por la calle con su madre que se dirigió inmediatamente al centro educativo. Se presentó indignadísima en el despacho del director y comenzó a gritar que iba a denunciar al centro.

Es un caso real que yo presencié de primera mano y me parece elocuente porque deja en evidencia varias ideas que subyacen en nuestra sociedad. La primera es que, como hemos dicho, el sistema educativo se basa en la custodia. Según la ley, si un estudiante salta la valla, la culpa es del centro educativo por no tenerla más controlada, no del niño por saltarla. La labor de los centros escolares ha ido mutando con los años: si el propósito principal siempre fue proporcionar conocimiento, hoy en día prima la labor de vigilancia, incluso en los niveles más altos. En realidad, el paso lógico de un centro para evitar demandas de este tipo sería poner focos, cámaras y torres vigía, lo que nos deja ver claramente el concepto de educación que prima actualmente.

La segunda cosa que pone en evidencia este caso es que los alumnos son considerados estúpidos por sus propios padres. Porque un niño de dieciséis años que ve una valla y no es consciente de que está prohibido saltarla tiene un grave problema cognitivo. Sin embargo, la madre culpa a los profesores asumiendo, por un lado, que la labor de los centros escolares es la de guardería o cárcel, pero, por otro, también la falta de madurez de su hijo.

¡Pobre niño que no ha sido debidamente vigilado y ha saltado la valla!

Conozco casos de padres que piden a los profesores de su hija que le apunten en la agenda las tareas para casa. Porque es un desastre y se le olvida anotar las cosas, dicen. Casos de madres que tienen en contactos de WhatsApp a algún buen estudiante de la clase de sus hijos para así preguntarle cada día los deberes. Es que mi niño es muy despistado y no se entera de nada, dicen. Conozco casos de padres que se quejan de que los docentes tienen manía a sus pequeños y por eso suspenden. No es muy trabajador pero si suspende es porque habla mucho en clase y le tienen manía, dicen. Y también casos de madres que justifican las faltas de asistencia para que tengan más tiempo de estudiar exámenes. O que no les dejan ir a excursiones por si les pasa algo.

Incluso sé de algunos que rellenan la matrícula de la Universidad por si los chavales no saben.

¿Qué muestran estas actitudes? Pues si llamamos a las cosas por su nombre, queda en evidencia que los adultos están convencidos de que sus hijos son estúpidos o profundamente inmaduros para su edad. Porque el problema no es solo que los padres, con toda la buena fe del mundo, vayan resolviendo los problemas de sus hijos. También en ocasiones el profesorado, con la misma voluntad de ayudar, contribuye a generar estudiantes dependientes. Es muy habitual ver a un docente corriendo detrás de uno de sus alumnos para recordarle, por tercera vez, que tiene que realizar el examen que no pudo hacer cuando estaba enfermo. Y lo peor de todo es que los estudiantes están tan acostumbrados a que los adultos los controlen y supervisen que echarán la culpa al profesor si suspenden la evaluación por no hacer ese examen —¡No me has avisado!— e incluso a sus padres o tutores por no haberle controlado más.

El mensaje que lanzamos una y otra vez al alumnado, con esta equivocada estrategia llena de buenas intenciones, es que no son capaces de hacer las cosas solos. Que siguen siendo niños pequeños. Les minamos la confianza y retrasamos así que maduren y se conviertan en seres autónomos capaces de resolver sus propios problemas.

Perdonen que insista en los ejemplos, pero no son extraños los padres que le subrayan la lección a su hija para que sepa lo que es importante, que le hacen en parte o totalmente algunos trabajos, que se leen los libros de lectura obligatorios para contárselos —¡No les da tiempo a todo!— o que, cuando se acerca el final de curso, le piden a los docentes que aprueben al niño para que no se traumatice.

Exacto, para que no se *traumatice*. Es una de las palabras de moda.

Si creen que estoy exagerando pregunten a cualquier educador; seguro que sonríe y comienza a contarle casos particulares al respecto. Porque, por suerte, no todos los adultos tienen esta actitud frente a los niños y adolescentes, pero estas anécdotas son cada día más numerosas. Padres que creen que sus hijos son ineptos e incompetentes incluso para las cosas más sencillas; profesores que intentan ayudar a sus estudiantes tratándolos como si fuesen incapaces de coger las riendas de su propio proceso de aprendizaje; leyes que delegan la responsabilidad de los actos de los estudiantes en sus educadores por no custodiarlos convenientemente asumiendo desde la legalidad su dependencia de los adultos... Por supuesto, este no es un problema adscrito solamente al ámbito educativo. Obviamente es un problema social. El recelo no se adscribe a los menores —no sea que le dé el sol, que se resfríe, que salga flojo porque no le doy leche materna, que me odie por ponerle límites, que se conmocione si acude a una charla de sexualidad, que se ofenda por algún comentario, etc.—, sino que se puede aplicar a todos los ámbitos, como veremos más adelante.

El denominador común de estas actitudes tan frecuentes en el ámbito escolar es la desconfianza en el alumnado. La idea de que los adolescentes son profundamente inmaduros y no saben hacer las cosas sin la tutela adulta. De esta forma, tutores y educadores ponen la zancadilla a la autonomía de los estudiantes. Porque un profesor que recuerda mil veces a un alumno que debe hacer un examen solo consigue que ese alumno se confíe y delegue la responsabilidad en el profesor. Exactamente igual que un padre/madre que pide al profesorado que organice la agenda de su hija no le permite a esta actuar de forma independiente. Todo queda delegado en otros. La adolescente es tratada como un bebé que no se vale por sí misma y necesita ayuda. ¿Y cuál es el mensaje que transmite este enfoque? Que necesitan vigilancia y tutorización porque no pueden hacerlo solos, lo cual mina la confianza y seguridad de los estudiantes en sí mismos, que acaban asumiendo que si no se apoyan en un adulto, fallarán.

El GPS es una gran herramienta para llegar a nuestro destino, pero si siempre usamos el GPS aprendemos mucho más despacio a orientarnos. Si solamente seguimos órdenes —recto, gira aquí, ve allá— la concentración es baja y es posible que nunca conozcamos realmente cómo llegar sin ayuda al destino. Y eso mismo pasa con los estudiantes españoles. Nos empeñamos en ponérselo tan fácil que les escamoteamos la posibilidad de aprender a hacer las cosas de verdad, por sí mismos.

Los hacemos dependientes de nosotros, de nuestro «sigue recto y gira a la derecha», y no les permitimos ser autónomos. Madurar.

Como vemos, se ha generado la falsa idea de que los adolescentes son incapaces y, por lo tanto, la responsabilidad de sus actos es de sus vigilantes. Muchos padres y madres desconfían de las capacidades de sus hijos. Toda la sociedad asume en realidad —si observamos la legislación al respecto— que son esos seres estúpidos incapaces de ver una valla y no saltarla. Animales salvajes que intentarán escaparse durante las excursiones. Cortitos de mente que no saben discernir las consecuencias de sus actos por lo que no podemos responsabilizarlos a ellos.

Antes de seguir creo que se hace necesario salir de España para poder entender estos argumentos con perspectiva. Estamos tan acostumbrados a nuestro modelo educativo que no somos conscientes de que las cosas pueden hacerse de otra forma.

Vayamos por ejemplo a Islandia, un país donde los centros educativos, lejos de ser ese lugar hostil que son en España desde su propio diseño seudocarcelario, son una prolongación de sus casas donde se sienten a gusto y con libertad para andar sin zapatos sobre el parqué o hacer los deberes en el suelo tumbados sobre una gran alfombra con cojines. Donde no hay vallas alrededor del edificio porque el alumnado puede salir del centro cuando quiera. También de la clase. Los estudiantes no deben dar explicaciones para abandonar el aula y salir afuera: para sentarse en un banco o dar una vuelta por el patio.

No me lo invento. Lo he visto con mis propios ojos. Y cuando un alumno se levantó y salió del aula donde yo estaba de observador, fui el primero en desconfiar.

—¿Se pueden ir de clase sin pedir permiso?

—Sí, pueden salir cuando quieran —me explicó la profesora—. Están muchas horas aquí dentro y a veces se agobian. Se cansan. Es una edad difícil, tienen muchas cosas en la cabeza. Mejor que salgan, respiren, y ya entren más calmados, ¿no crees?

Recordé una vez que una alumna me pidió salir de clase y le dije que no. Minutos después estaba llorando. No sé qué le pasaba, no quiso contármelo cuando hablé con ella más tarde, aunque me arrepentí de haberla obligado a llorar delante de sus compañeros.

—Pero esta es la última clase... —insistí a la profesora islandesa—. ¿Pueden irse a casa antes de la hora de salida?

—Pueden salir del centro cuando quieran. No solo los adolescentes del instituto, también los niños del colegio.

—¿Y si los atropella un coche?

La profesora me miró confusa.

—¿Por qué va a atropellarles un coche? Obviamente no dejamos salir a niños muy pequeños, solo a aquellos que tienen edad para andar solos por la calle...

Otras dos alumnas se levantaron, dijeron adiós y se marcharon del aula. Todavía quedaban quince minutos para que sonara el timbre que marcaba el final de las clases. La profesora debió imaginarse lo que estaba pensando y se adelantó.

—Les ha mandado deberes y supongo que los que se están yendo ya los han terminado —explicó con una sonrisa. Yo, como la mayoría de docentes españoles que estén leyendo esto, pensé que esa mujer era demasiado ingenua. ¿Cómo sabía que los habían acabado si no lo había comprobado? Personalmente —si en España fuera posible dejarlos salir antes—, jamás habría dejado que se fueran sin comprobar que habían acabado. Yo no confiaba en mis alumnos. Estoy seguro de que gran parte de mis estudiantes se habría marchado del aula diciendo que habían acabado pero no sería más que una mentira para salir antes.

La profesora intuía mis pensamientos y prosiguió:

—Queremos que sean felices y vengan a clase a gusto. Es una forma de motivarlos a aprender mucho mejor que obligarlos y estresarlos.

Esa frase me reafirmó en mi idea: era la típica con buenas intenciones y mucho argumentario teórico *cuqui* a la que el alumnado acaba tomando el pelo en la práctica.

Entonces sonó el timbre y los estudiantes me convencieron de lo que ella no había podido pues solo unos pocos se levantaron de la silla y se marcharon. El resto se quedó en sus pupitres.

—Las clases han acabado, ¿no?

—Sí —respondió la profesora sin moverse de la silla.

—¿Y por qué no se van?

Una jovencita se levantó y se sentó junto a otra. Ambas empezaron a comparar sus ejercicios y una de ellas explicó algo a la otra, que observaba el cuaderno con el ceño fruncido.

—No habrán acabado aún...

Quince minutos después se iba el último estudiante. Quince minutos después de la hora de salida. ¿Por qué desconfiar de los que se fueron antes si algunos se fueron después? ¿No sería lo justo confiar en todos?

La cosa no acabó ahí. Al día siguiente estuve en un colegio y pude asistir a varias asignaturas optativas. En un taller vi a niños de ocho años cortando madera con sierras eléctricas. En el aula-cocina había pequeños de siete años usando fogones para cocinar. Al lado, otros niños hacían bufandas con máquinas de coser. De nuevo las inercias mentales me llevaron a preguntar.

—¿Nunca ocurre nada?

El maestro de Tecnología me miró tan extrañado por la pregunta como su compañera de Matemáticas el día anterior.

—¿Qué quieres decir?

—¿Nunca ocurre que un niño se corta o se quema al cocinar?

—Claro... Pero hay enfermería...

Seguía sin entender la pregunta. Continué:

—¿Y si ocurre algo así no os demandan los padres?

Levantó las cejas.

—¿Por qué iban a hacerlo? Tomamos todas las precauciones: gafas, guantes..., pero a veces es inevitable que se hagan algún rasguño, claro. O que se quemen un poco si cocinan. Nada grave. Los padres quieren que sus hijos sean independientes y autónomos. Prefieren un corte en un dedo a un hijo que no sabe hacer nada.

Pensé inmediatamente en los centros educativos españoles. Por vez primera entendí que teníamos un verdadero problema de sobreprotección hacia los niños: demandas o quejas continuas de los padres hacia los profesores incluso por ponerles exámenes difíciles. Hacia Ayuntamientos por hacer toboganes duros. Hacia películas o cuadros por herir su sensibilidad, etc.

Los padres islandeses tienen claro que si el alumno no trabaja, casi siempre es culpa del alumno. Les enseñan desde pequeños a ser responsables de sus actos. Tienen que estar supervisados pero sin pasarse, porque acabarían por ser dependientes y por pensar que sus actos son culpa de otros. De padres y profesores, por no vigilarlos bien. Por permitir que no trabajen.

En España hay centros cuya línea educativa es muy similar a la descrita, dirá alguien. Y es cierto, pero por desgracia son todavía una minoría.

Es otra cultura, objetará otra persona. Y sí, obviamente es otra cultura. Pero justo para eso sirve la educación, para cambiar las cosas, para que los adultos de mañana no cometan los mismos errores que los de hoy. Porque, vamos a ver, ¿son nuestros hijos más tontos que los niños islandeses? Obviamente no, pero eso no importa porque el subtexto de nuestra ley, que responsabiliza a centros y docentes de los actos de los niños, parece decir que sí lo son y por ello deben estar constantemente vigilados. Y esto determina la forma de educar y de relacionarnos entre todos aquellos implicados en el sistema educativo: docentes, alumnado, padres, directiva...

Un sistema sobreprotector que hace creer a los menores que no tienen la culpa de nada es un sistema que genera irresponsables. Ha llegado un momento en el que ni siquiera se saben artífices últimos de su educación. La mayoría tiene la falsa idea de que va a clase para contentar a los adultos. Aprueban para otros en lugar de tomar conciencia de que sus notas están conectadas a su futuro: que los aprobados o suspendidos son solo para ellos. El sistema les muestra de mil maneras diferentes que son secundarios en su propia educación. Supervisados en todo momento para que no hagan algo mal; castigados si suspenden y premiados si aprueban; inmaduros que necesitan ayuda para hacer trabajos.

Seres pasivos en su proceso de aprendizaje.

La realidad, espero que no les sorprenda, es que los niños y los adolescentes españoles no son para nada estúpidos. Aunque a lo mejor, con el tiempo, entre todos conseguimos estupidizarlos, eso no lo descartemos. Porque me pregunto qué adultos pueden salir de estos niños mimados y protegidos hasta el exceso. Adultos que no han aprendido a responsabilizarse ni han visto sus ideas problematizadas ni han asumido ninguna culpa. Un montón de mayores de edad infantiloides. Irresponsables. Perdidos.

Y la cosa se pone todavía peor si aludimos a la sensibilidad. ¡Apruébelo para que no se traumatice repitiendo curso! No hable de nada sexual no sea que se violente. No expliquen el Big Bang porque yo la he educado en una fe religiosa y quizás la confunda. No les dejen usar herramientas en Tecnología por si se dan un golpe jugando con ellas.

¿Dónde estaba el profesor para evitar que se golpeasen?

¡Quejémonos! ¡Llamemos a dirección! ¡A inspección! ¡Demandemos!

Cuenta el psicólogo social Jonathan Haidt en *La transformación de la mente moderna* que el número de niños alérgicos a los cacahuetes se triplicó en quince años desde finales de los 90. ¿La razón? Los padres, para proteger a sus hijos de esta alergia, comenzaron a comprar solo aquellos productos sin trazas de cacahuete. La industria alimentaria, adaptándose a este impulso, eliminó toda traza de cacahuete. Los medios de comunicación, atentos a este nuevo miedo, alertaron a la población del peligro del cacahuete aumentando la alerta de las madres.

Quince años después, los niños con alergia eran tres veces más. ¿Por qué? Pues porque una pequeña dosis de la amenaza consigue que tu cuerpo cree defensas, protegiéndote y haciéndote más fuerte, así que, al no haberse visto expuestos al cacahuete, su cuerpo no aprendió a protegerse de él.

Vivimos en la época dorada de las alergias y la explicación es el exceso de higiene y protección. Porque el ser humano, como el resto de seres vivos, necesita estresores y desafíos para aprender, adaptarse y crecer. Flaco favor hacemos a aquellos críos a los que no dejamos enfrentarse al mundo por si se lían o se traumatizan o no saben qué entra para el examen y suspenden, pobres.

Creo que el argumento ya ha quedado suficientemente claro: la sobreprotección con la que se educa hoy en día es contraproducente. Los niños desde siempre se suben a los árboles o se tiran por la barandilla de la escalera porque su forma de aprender es asumiendo riesgos controlados, pequeños desafíos. Cuando juegan sin vigilancia adulta son capaces de resolver conflictos: discutir una injusticia para llegar a acuerdos, pactar una regla que no estaba clara, adaptarse al grupo... Y de paso les sirve para aprender a gestionar emociones como la frustración, el fracaso o el rechazo. Pero el problema es que hoy apenas dejamos que los niños se enfrenten al mundo. Porque estamos ahí para decirles cómo deben hacer las cosas y protegerlos. Para dar la cara por ellos en situaciones tan sumamente complejas como preguntarle al profesor qué trabajo pueden hacer para subir nota, así que son los padres quienes llaman al instituto para preguntarlo. Y esto en concreto me ha pasado varias veces.

Quieren salvarlos de un mundo oscuro y perverso lleno de peligros y solo consiguen retrasar su maduración.

Fue probablemente a finales de los 80 cuando la paranoia comenzó a instaurarse en España. La prensa amarillista nos mostró con morbo la tragedia de las niñas de Alcàsser y ya no ha parado de convertir la excepción en regla. Porque vivimos en un país superseguro según las estadísticas, pero en nuestra cabeza está lleno de monstruos que, como buenos padres, tenemos que evitar que rocen a nuestros hijos.

Obviamente, hay unos límites y se deben tomar precauciones, no digo ni mucho menos lo contrario, pero la protección está empezando a ser obsesiva. Prohibir y aislar del conflicto, en lugar de enseñarles a enfrentarse a él, es la tónica actual. De esta forma, los niños crecen en una burbuja, sin herramientas para reconocer problemas, resolverlos y gestionar las emociones causadas por estos.

Por eso no es extraño que ante esta concepción del niño, los centros educativos sigan la filosofía de los centros de vigilancia donde el alumnado debe ser supervisado y controlado en todo momento. Sin embargo, esto genera un error de base. Porque la enseñanza debe ser enfocada más bien como aprendizaje.

En la enseñanza, el centro es el profesor. En el aprendizaje, el centro es el alumno. Son ellos los que tienen que aprender, desde una posición activa. El profesor debe guiarlos pero nunca podrá enseñarles si ellos no quieren aprender. Y la falta de autonomía es un problema en este proceso, pues les hemos hecho creer que su papel es pasivo, secundario, dependiente, irresponsable. Que ser enseñados es más importante que aprender.

Vayamos con otras dos escenas rutinarias en un centro escolar: en la primera, vemos a una madre pidiendo ver el examen de su hijo —o enviando al profesor/a de repaso— porque no se fía del criterio del docente, e incluso debatiendo con él las respuestas —y por tanto la calificación— de alguna pregunta.

En la otra escena nos encontramos a la directiva del centro escolar censurando una charla sobre un tema polémico; supervisando cada foto y texto que se publica en la revista escolar o incluso no permitiendo la canción con la que un grupo de estudiantes iba a bailar en la fiesta de Carnaval. ¿Por qué? Porque en la letra hay un par de alusiones sexuales y tienen miedo a las reacciones de las familias. Da la sensación de que existe un Gran Hermano observándolo todo que obliga a los docentes a autocensurarse y a las directivas a ejercer un horrible papel de censores, lo que acaba creando grietas en la comunidad educativa.

En estos casos, la desconfianza no es hacia los alumnos sino hacia el profesorado. Los padres desconfían de la labor docente. Yo mismo me he encontrado con tutores legales que me han explicado cómo debo dar la clase y me han puesto, como si tuviesen alguna autoridad sobre mí, ciertos límites que no debo cruzar: no hables nunca de religión, me han dicho. No deberías hablar de política, me han dicho. ¿Por qué haces un debate sobre el aborto en clase? Incluso me han exigido que no hable de homosexualidad porque es una aberración y puede confundir a los estudiantes.

En una ocasión, una madre llamó al instituto donde trabajaba para hablar sobre el examen de recuperación de su hijo. Había suspendido cuatro asignaturas, entre ellas la mía.

—Te llamo para que decidamos la fecha. Porque, como tú comprenderás, no podemos ponerle cuatro exámenes seguidos. He pensado que el tuyo lo podría hacer una semana después y el de Informática pues ya veremos, total, esa asignatura no es importante.

Le dije que no estaba en su mano decidir las fechas de los exámenes, que había un calendario oficial, y que, en todo caso, cambiar la fecha era una decisión mía y del profesor de Informática. Me contestó muy seria, casi enfadada, que no era así, que debíamos decidirlo juntos, que qué me había creído, que era SU hijo. Después me pidió que le dictase todas las páginas que entraban en el examen, para hacerle los esquemas. Lo peor es que ni siquiera disimuló. Aquella *marcianada* de conversación le parecía lo más normal del mundo.

Otro padre vino a hablar conmigo porque había comentado la teoría de la evolución en clase mientras que a su hija le habían explicado que el hombre había sido creado del barro, como afirma la *Biblia*. Decir que el hombre viene del mono va contra nuestras creencias y puede traumatizar a la niña, me dijo. Mi respuesta fue clara: «Su hija debe seguir creyendo en Adán y Eva a pesar de gente como Darwin o como yo, porque si la tiene en una urna, ella jamás podrá tener un juicio mínimamente serio sobre nada. Sin un conocimiento y una oposición a Darwin su hija no tiene opinión, solo un lema que repite sin entender nada».

Elegir los contenidos con los que tus hijos deben ser educados no tiene sentido. Porque no les da la oportunidad de seleccionar desde su criterio entre varias opciones, que es la única forma de reafirmarse en una creencia. Esa idea del pensamiento único, presente por ejemplo en la educación de dictaduras como Corea del Norte, no crea ciudadanos libres sino robots o fanáticos que repiten consignas. Y además, cada padre cree una cosa distinta: ese hombre no deseaba que sus hijos estudiasen *Ciencias Naturales* porque era católico y Darwin le ofendía. Otro se negará a que estudien *Historia* porque dicen que Hitler mató millones de judíos cuando en su casa no creen en el Holocausto. Otra madre no querrá que sus hijos estudien *Literatura* porque la poesía es de muertos de hambre y sus hijos deben estudiar algo de provecho para convertirse en gente de bien. Etc.

Estas actitudes, aunque por suerte no son las mayoritarias, son cada vez más frecuentes y suponen un gran problema, pues toda la comunidad educativa debería remar en la misma dirección. Todos los miembros —profesores, alumnos, padres, tutores, directiva, delegados de curso, etc.— tienen que trabajar juntos para conseguir una educación de calidad.

Unos padres que critican abiertamente a los educadores delante de sus hijos solo consiguen que los niños no se fíen del profesorado. Y este es otro problema con el que nos encontramos, también fruto de esa desconfianza de las familias en los educadores. Si ponen en duda su autoridad, dan permiso veladamente para las faltas de respeto y los comportamientos inadecuados.

¿Cómo ejercer sobre los niños una autoridad que los propios padres te quitan?

Por otro lado, si se quejan por contenidos que chocan con sus ideas —sean políticas, religiosas, éticas...— no solo fomentan el pensamiento único, sino que están impidiendo que sus hijos sean críticos, elijan y creen su personalidad a partir de lo que se quedan y de lo que desechan. Porque eso es ser adulto: saber que el mundo está lleno de gente con ideas diferentes, pero tener las propias. Saber que hay gente que cree en Darwin aunque yo crea en la *Biblia* o el *Corán*. Saber que hay gente que defiende la monarquía aunque yo crea en la República. Y dar opiniones o generar debates no es adoctrinar. Adoctrinar es mantener a los niños en una burbuja y que solo escuchen una versión sesgada —porque todas las ideas son solo una parte sesgada— de la realidad. Adoctrinar es no dejar a los adolescentes madurar en sus ideas al contrastarlas con otras diferentes. Creerlos de nuevo estúpidos, incapaces de escuchar opiniones diversas y ser críticos con ellas.

Así que en los centros educativos, como no puede ser de otra forma, prima la superregulación y la ultraseguridad. Los estudiantes no pueden ir de excursión sin autorización paterna hasta los dieciocho, no sea que se pierdan del grupo y vaguen por las calles durante años perdidos como Ulises, incapaces de volver. Si enferman no pueden ir a su casa, aunque vivan a una calle de distancia, si no son acompañados por un adulto, no sea que los atropelle un coche pues al parecer en horario escolar son ciegos y no ven los coches venir. A otras horas caminan solos por la calle e incluso los mayores salen de fiesta hasta las tantas de la mañana pero en horario escolar no saben las normas básicas de circulación, por eso si tienen un accidente los padres demandarán al centro educativo. Tampoco pueden exponerse a determinadas charlas y opiniones de profesores por si les hieren la sensibilidad. ¡Y es que las opiniones son como balas para sus cabecitas frágiles y desvalidas incapaces de discernir!

Las decenas de autorizaciones, advertencias machaconas y reglas autoritarias —a veces difíciles de entender— de los centros educativos tienen como principal objetivo evitar los conflictos y las demandas de los padres, que creen que como consumidores del sistema escolar —la lógica del capitalismo ha permeado gravemente en todos nosotros—, el cliente siempre tiene la razón. ¡Mi hijo estaba de excursión y se ha escapado al parque con sus amigos, voy a llamar al inspector educativo! ¡El profesor no le ha recordado que tenía que recuperar el examen al que faltó y ahora lo suspende! ¡Los han llevado a ver una obra de teatro donde había una actriz transexual!

Claro: tu hijo no sabía que no debía faltar a clase, es culpa del director. Ni sabía que no había hecho el examen, es culpa del profesor. Y no sabe que existen las personas transexuales, es culpa del teatro.

Tu hijo es un estúpido, un bebé, un incapaz. Esa es la letra pequeña que se lee en estos comportamientos frecuentes. Porque lo miremos como lo miremos este tipo de comentarios que eximen a los menores de sus responsabilidades evidentes para culpabilizar a los adultos por no vigilarlos solo pueden entenderse desde la creencia de que los menores son tontos.

Y de esta forma no solo les negamos herramientas para vivir que necesitarán más adelante, sino que los emparanoiamos al decirles una y otra vez que no pueden hacer ni decidir nada sin supervisión: porque no podrás, porque el mundo es peligroso, porque te vas a traumatizar y te dolerá...

La ansiedad, la depresión, las autolesiones y los suicidios crecen entre los adolescentes. No lo digo yo, miren las estadísticas. Es muy preocupante. Y una de las claves es esta cultura de la victimización que nos hace ver enemigos y agresiones a nuestra sensibilidad por todas partes. Porque asumirse como víctima te asegura atención y protección de los adultos, así que cuanto más te duela, mejor.

—El profesor me tiene manía.

—La orientadora me ha dicho que soy vaga.

—Los deberes son muy difíciles y así voy a suspender.

—Nos han puesto un corto que me ha violentado.

Como consecuencia, cada vez hay más profesores que se autocensuran porque cualquier cosa que digan puede ser motivo de problemas. Una ironía o una broma en confianza —porque como es lógico los educadores suelen crear un clima de confianza entre su alumnado— sacada de contexto puede parecer algo grave aunque no lo sea. Una novela o una película que trate determinados temas puede ser motivo de queja. Una comentario sobre un tema polémico puede convertirse en motivo de ofensa. Y es que en un clima de victimización como el que vivimos, ofenderse por cualquier cosa es algo habitual.

Lo vemos cada día. En todas partes.

Por tanto, para evitarse problemas, muchos profesores, al igual que hacen los centros educativos, preservan a los alumnos de ideas heterodoxas, de polémicas, de pensamientos incómodos, de actividades y libros *peligrosos*.

Y de esta forma cerramos el círculo. La educación se creó con el fin de dar herramientas y hacer pensar. Con el fin de preparar a los menores para la vida adulta. De fomentar su creatividad y sentido crítico. Pero a los educadores se nos demanda socialmente que los metamos en su urnita de cristal, no sea que se manchen y no sepan limpiarse.

¿Para qué sirve entonces la educación si no prepara a los menores para afrontar los problemas, gestionar las emociones, respetar otras ideas y pensar por sí mismos?

¿Serán capaces los padres de destetar a sus hijos por segunda vez para que maduren y sean autónomos y responsables? ¿Seremos los profesores capaces de cumplir con nuestra misión pedagógica a pesar de una sociedad sobreprotectora y victimista? ¿Les daremos sus trazas de cacahuete para hacerlos fuertes?

Porque si abdicamos de educar a las nuevas generaciones, no hay mucho futuro para ellos.

O sí, un futuro en forma de profecía autocumplida: los niños se convertirán en adultos tan incapaces como la sociedad los ha convencido de que son.

Concluyendo: de la misma manera que un gato casero es incapaz de enfrentarse a la calle pues su domesticación ha inhibido parte de sus instintos, un estudiante al que se sobreprotege será incapaz de enfrentarse al mundo. Y, como hemos visto, los hábitos funcionan como un círculo vicioso. La sobreprotección hace que los estudiantes se sientan pequeños e incapaces por lo que se harán dependientes y demandarán protección.

II

Algunos problemas del momento actual que repercuten en la educación

Las claves de este clima general de desconfianza son complejas y están muy relacionadas con el individualismo —primacía del individuo frente a la colectividad—, el capitalismo —sistema que actualmente regula todas las relaciones humanas— y la hiperconectividad —donde podríamos destacar los algoritmos y el auge de las redes sociales—. A continuación profundizaré en algunos de los aspectos de la recién inaugurada Edad Digital, a cuyo paradigma todavía estamos acostumbrándonos con los inevitables problemas y crisis de interpretación, pues las viejas reglas ya no sirven del todo y las nuevas no están demasiado claras.

El primero de estos aspectos es lo que podríamos denominar *disneyficación social,* no solo presente en la educación sino en todos los aspectos de la sociedad y la cultura. El clima de fanatización tribal, provocado por las burbujas de realidad que han creado las redes sociales y los *mass media*, es también un problema que ha derivado en ultrasensibilidad y una opinión cada vez más favorable de la censura incluso entre los grupos progresistas habitualmente opuestos a ella. Otro obstáculo importante es el desprestigio social del saber —lo que Marina Garcés ha llamado *analfabetismo ilustrado*— y, por tanto, de la labor docente. También hablaré de los problemas que tenemos en España para la conciliación de la vida personal y laboral, lo que se traduce en que muchos padres deben delegar la educación integral de sus hijos en terceros. Esto obliga a un cambio en las labores del docente y una confusa relación con las familias. Por último, aunque en realidad es el subtexto de todo lo anterior, analizaremos la visión capitalista del sistema educativo como servicio al cliente, lo que convierte el saber en mercancía con diversas consecuencias en la labor de enseñanza-aprendizaje.

Comencemos por el tema al que más nos hemos referido: la sobreprotección de los niños y adolescentes, que no es más que el reflejo de la sobreprotección sociocultural que nos rodea. La infantilización es un fenómeno global visible, por ejemplo, en el auge de las mascotas, algo así como peluches para adultos. Un aumento todavía más elocuente al contrastarlo con la caída de la natalidad...

Si los parques para niños tienen suelo de material blando y amortiguadores en cada arista, también la industria del entretenimiento adulto debe velar por nuestra integridad ofreciéndonos productos inofensivos. Incluso censurando programas, novelas, películas, artículos o canciones si es necesario. Los argumentos son los mismos que hemos contemplado en la educación: daños morales por el lado del consumidor —alumno/familias— y miedo a demandas, boicots o polémicas que proyecten una imagen negativa por parte de artistas y marcas —centros/docentes—.

No voy a decir esa tontería de que cualquier época pasada fue mejor, ni mucho menos. Cada época tiene sus cosas buenas y malas. Pero la infantilización social y cultural es uno de los problemas que debemos resolver en este momento donde la máxima parece ser: si el entrecot hace trabajar mucho las muelas... ¡ofrezcamos carne picada! O mejor aún: papilla, fácil de tragar y digerir con un esfuerzo mínimo.

Observemos el ejemplo de la televisión, que nació con cierta misión pedagógico-cultural y ha acabado convirtiéndose en entretenimiento puro y duro. Ya es un tópico citar *La bola de cristal* como ejemplo de la televisión —y la España— que fuimos. ¿Alguien puede imaginar que se emitiese *La bola de cristal* hoy día? ¿Cuántos padres y asociaciones de consumidores y peticiones de *Change.org* la hubiesen denunciado por políticamente incorrecta? O por perturbadora. Porque todo lo que nos haga pensar, lo que escape de los modelos que ya conocemos y de los discursos más frecuentados, es considerado perturbador y debe ser evitado.

Para protegernos.

Pero ¿protegernos de qué? ¿De ideas diferentes a las nuestras? ¿De ficciones?

Hoy la televisión es el ejemplo más claro del triunfo de lo superficial y la simpleza. Pero ojalá fuera solo la televisión. La música, la literatura o el cine también se han infantilizado y continúan dando Disney a los nuevos adultos: con sus personajes entrañables, sus cancioncitas pegadizas y sus finales felices, no sea que el público se pierda o se angustie y acabe traumatizado.

El verdadero arte desconcierta, incomoda, hace pensar, te ataca, te pica, te remueve. El entretenimiento, sin embargo, ofrece modelos fijos, mascaditos, repetitivos, sin apenas conflicto ni profundidad. Modelos inofensivos. Obras para-todos-los-públicos, políticamente correctas con la intención de no ofender a nadie. Sobre todo en estos tiempos de ultrasensibilidad.

Y es que estamos inmersos en una cultura del miedo a pesar de vivir en uno de los países más seguros del mundo. La amenaza física es algo muy inusual pero a cambio encontramos amenazas invisibles y nos emparanoiamos con sucesos altamente improbables. La posibilidad de que muramos en un ataque terrorista es muchísimo menor que la de morir en un accidente de coche. Tal vez incluso menos probable que ser agraciado por alguno de los premios gordos de la lotería y sin embargo vivimos angustiados por el terrorismo. Subimos al metro y sospechamos del chico de piel oscura que lleva una mochila. Un chico que quizás va a estudiar o a entrenar con su equipo de fútbol. Lo mismo podríamos decir del comunismo. ¿Qué posibilidades hay de que España acabe siendo hoy en día un sistema comunista? Yo diría que es prácticamente imposible y sin embargo hay partidos políticos que siguen azuzando el miedo al comunismo una y otra vez para ganar votos.

Nunca hemos vivido más seguros y nunca hemos tenido más miedo. Deberíamos preguntarnos quién aviva ese miedo y a quién favorece, pero sería desviarse del tema así que simplemente dejo ahí la pregunta y que cada cual busque sus respuestas.

El aumento de teorías conspiranoicas da cuenta perfectamente de cómo ante la falta de amenazas reales —o tal vez debiéramos decir *de muy muy baja probabilidad*— nos las inventamos. El control mental gracias al 5G, los microchips que nos meten con las vacunas o el rociamiento químico desde las nubes [*chemtrails*] son algunos ejemplos de teorías bastante disparatadas que proliferan con rapidez gracias a las redes y al clima de desconfianza en el pensamiento científico-racional, del que hablaremos más adelante.

Pero la mayor amenaza invisible es aquella que atenta contra nuestra integridad emocional, nuestra sensibilidad y nuestros valores. Hemos aprendido a ofendernos por todo. Por cualquier comentario o idea que nos confronte. Esta es una de las razones por las que la cultura se ha *disneyficado*: para no molestar a nadie. Ni los artistas ni los profesores, bajo la mirada atenta del equipo editorial y del equipo directivo, harán nada de verdad polémico —polémico de verdad, no esas pequeñas polémicas controladas con el objetivo de dar visibilidad— para que no haya quejas que acaben en censura, boicot o lista negra.

Es lo que se ha llamado cultura de la cancelación, un clima de ultrasensibilidad que hace que cada día nos parezca más normal que se ejerza la censura y, sobre todo, la autocensura inevitable en estos casos donde los propios implicados evitan los problemas antes de que surjan, limitando el poder crítico o revulsivo o pedagógico de su trabajo.

A lo largo de los siglos, la censura ha sido una práctica habitual de pensamiento conservador pero hoy se ha extendido también entre los progresistas. Donde aquellos censuraban en nombre de la religión o el nacionalismo, estos censuran en nombre de la corrección política. Pero la letra pequeña es la misma: la gente es idiota y no puede entender que la ficción es ficción —en el caso de un libro o película o incluso chiste— y que hay opiniones distintas a las nuestras —en el caso de declaraciones personales que ofenden a un colectivo—.

Lolita es solamente una novela sobre un pederasta y no convertirá a sus lectores en pederastas, por poner un ejemplo que une a conservadores y progresistas.

¿Saben qué pienso? Que ojalá la ficción tuviese tanto poder. ¡Podríamos cambiar el mundo! Pero por desgracia —o suerte— la ficción es solo ficción. Y la gente, pues no tan tonta e influenciable como piensan aquellos que velan por nosotros.

¿Saben para qué servían los cuentos infantiles? Para alertar a los niños sobre los peligros del mundo. Caperucita, la niña con capucha roja porque este color muestra simbólicamente que ya ha tenido la regla y se expone a un nuevo peligro, era comida —violada en las versiones más antiguas— por el lobo. Aunque al final fuese salvada *in extremis* por un leñador, la moraleja estaba clara: no vayas sola por el bosque y no te fíes de desconocidos.

Hoy en día los cuentos han sido sustituidos por reelaboraciones Disney donde el conflicto y el peligro desaparece. El lobo se come a la abuela en lugar de a Caperucita, Bestia ya no es un monstruo que rapta y abusa sexualmente de una chica, sino un personaje de buen corazón. Etc.

Los niños de antes aprendían sobre los peligros del mundo en la ficción. Los de ahora aprenden... ¡que no hay conflictos en el mundo!

Así les irá el día de mañana.

Hace unos meses leí que los libros prohibidos en Estados Unidos crecen cada año. Y los últimos años de forma espectacular. Los censores son principalmente los grupos conservadores. Los de siempre. Y las temáticas censuradas son las de siempre también: aquello que tiene que ver con lo sexual y la identidad de género. Los padres están preocupados por si sus hijos leen un libro LGTBIQ+ y se homosexualizan. Pobres niños: ¡Se leen un libro y en la última página se les llena la cara de brilli-brilli!

¿En serio? ¿No conseguimos que pongan bien las tildes y vamos a conseguir homosexualizarlos?

Pero, como he dicho, lo penoso del asunto es que la izquierda progresista ha empezado a hacer lo mismo. No con la misma fuerza pero sí con las mismas prepotentes razones: yo lo leo y lo entiendo, pero quizás tú no lo entiendas y acabes pegando a tu novia porque C. Tangana canta *Mala mujer*. O quizás acabes siendo tránsfobo si lees *Harry Potter* porque su autora se ha definido como TERF y, por alguna alquimia extraña, sus ideas sobre el feminismo calarán en los lectores del mago adolescente. Mago que también ha sido censurado por la derecha acusado de brujería y ciencias ocultas. Y es que las censuras juegan en el mismo equipo, nos guste o no. ¿Y qué me dicen de prohibir obras antiguas porque muestran actitudes e ideologías antiguas? El colonialismo de *Tintín en el Congo*, el racismo de *Matar a un ruiseñor*, o la actitud despreocupada ante el sexo de las *1001 noches*, prohibida en muchos países árabes.

La censura es absurda. Es absurda la de aquellos que prohíben en nombre de Dios y la moral. También la de aquellos que prohíben en nombre del respeto, el feminismo y los derechos humanos. ¡Estamos hablando de ficciones! Ficciones donde hay asesinos, ladrones, pederastas, machistas, adictos al sexo... porque para personajes normales trabajando de ocho a cinco ya tenemos nuestra vida aburrida. Y, además, si hubiera algo ilegal —delito de odio o similar— ya están las leyes para prohibirlo y castigarlo, no asociaciones de padres y madres. O grupos católicos. O políticos de uno u otro signo.

La censura es un acto prepotente que nos presupone tontos sin cerebro y sin criterio. A los propios adultos, así que, ¿cómo podemos esperar que sea el trato que le damos a los niños?

Muy relacionado con este ambiente de *disneyficación* social y cultural está el victimismo, del que ya hemos hablado brevemente. Los ofendidos profesionales y los colaboracionistas del régimen que sea —siempre dispuestos a señalar a los enemigos y sobre todo a los traidores a sus ideales— se han convertido en figuras tristemente habituales e incluso aplaudidas entre sus filas. La portada de ese disco atenta contra mis sentimientos religiosos. La letra de esa canción me ofende como mujer. Ese humorista debe ser cancelado del cartel porque su humor es ofensivo. Boicoteemos el cava catalán. Ese presentador le puso los cuernos a su esposa y si las marcas siguen patrocinando su espacio, son cómplices.

Vivimos en una sociedad dividida en grupos a los que podríamos llamar *tribales.* El triunfo de la globalización ha generado una reacción tribal, que podría definirse como una identificación muy fuerte con un grupo cultural o ideológico que te reafirma como parte de algo más grande que tú mismo. La tribu crea su identidad mediante las diferencia y el enfrentamiento con otras tribus en lo que hoy podríamos llamar *guerra cultural*. En este contexto, ser víctima te asegura la atención de los tuyos. Tal vez esa atención que no te presta tu jefe o tu pareja o tus hijos. Te coloca en un lugar privilegiado, entre el mártir simbólico y el paladín con la excusa perfecta para atacar a *los otros* defendiendo los valores del propio grupo.

También da mucho rédito señalar al que se equivoca. Es una pequeña heroicidad que da sentido a nuestras rutinarias vidas. Apuntar con el dedo al enemigo, incluso sin pruebas, como aquellos vecinos durante el encierro del COVID que salían a sus balcones a insultar a las madres que sacaban a sus niños autistas a la calle. No sabían que eran autistas, pero eso no es lo importante. Lo importante es que no preguntaron antes de señalar porque lo que te convertía en héroe, era el dedo señalando. Así que cualquier excusa es buena para señalar. En su cabeza eran seres admirables pero en realidad eran solo chivatos buscando su ración extra de importancia; soplones de los de toda la vida idénticos a los que mandaron a mujeres a la hoguera acusadas de brujería y a judíos a la cámara de gas.

Las víctimas y los colaboracionistas están unidos por un sentimiento de pertenencia a la tribu que escasea en esta sociedad individualista donde los lazos comunitarios se han diluido y parece que solo nos unimos de verdad frente a un enemigo, aunque sea inventado. El individualismo ha hecho que nos sintamos solos y aislados. Que acabemos fanatizados en cualquier tribu ideológica para sentirnos parte de algo mayor que nosotros mismos.

Cuando un periodista le preguntó al escritor Amin Maalouf —libanés emigrado a Francia tras la guerra— si en él predominaba la parte francesa o la libanesa, Maalouf respondió que era absurdo elegir, que era ambas cosas, que la identidad es algo individual, no grupal. Nadie debe elegir bando para asimilarse a un colectivo porque cada persona es lo que es. Todos somos de una forma u otra mestizos. Encajarnos en una definición es reducirnos y probablemente engañarnos. Aquellos que sienten que su identidad se define principalmente por un rasgo grupal —religión, patria, género, ideología, raza...— acaban convertidos en fanáticos ciegos ante los matices de la realidad, enfrentados a aquellos que no comparten sus valores. De pronto tienen una pequeña cruzada: defender la patria de esas otras banderas, la religión ante las herejías del mundo moderno, el género por encima de todas las cosas, la civilización frente a los salvajes que curiosamente siempre son los otros...

Lo triste del tema es que los fanáticos lo son más allá de sus ideas y lo serían de cualquier cosa. Un nacionalista catalán que odia España y un nacionalista español que odia Cataluña son intercambiables. Si hubiesen nacido en la ciudad del otro, serían el otro. Serían su propia némesis. Lo que da cuenta de lo absurdo de estos personajes.

Las redes sociales tienen parte de culpa en esta fanatización, pues Internet se ha convertido en una especie de panteón politeísta de verdades. Sea cual sea tu creencia, seguro que hay una página —o más— que te dará el aval para sentirte apoyado y defenderla. ¿Crees que el hombre no llegó a la luna? Miles de página lo demuestran. ¿Que el hombre llegó a la luna? Miles de páginas lo demuestran. ¿Que el 11S lo perpetró Bin Laden? Claro. ¿Que lo hicieron los estadounidenses para tener una excusa y atacar Oriente Medio? Claro. ¿Que fue cosa de una raza alienígena? Claro, también lo puedes encontrar. ¿Que la leche engorda? ¿Que la leche adelgaza? ¿Que la leche es buena? ¿Que la leche es mala? ¿Que la leche produce cáncer? ¿Que la leche es una sustancia alienígena? Solo debes buscar con un poco de paciencia en la red hasta encontrar tu aval: la página o el comentario que te reafirmará en tu verdad, por ridícula que sea esta verdad. Y entonces podrás blandirla contra los otros. Los herejes. Los que tienen la desfachatez intelectual de defender lo contrario. Los otros. El enemigo del que hay que defenderse.

Me imagino a uno de esos supremacistas blancos del Ku Klux Klan estadounidense pensando: cada vez que pongo en Facebook, YouTube, Twitter que los negros son inferiores tengo 65 me gustas y, además, todos los blogs que sigo —*killtheblack, whitepower, vivahitler...*— dicen cosas muy parecidas a lo que pienso. O sea, que tengo la razón, ¿no?

¡Es de cajón!

Siempre hemos vivido en burbujas de realidad porque la gente que nos rodea suele tener ideas similares a las nuestras, pero nunca estuvieron tan aisladas unas realidades de otras. Debido a las redes sociales, a las plataformas de *streaming* y a los algoritmos —que dan prioridad a contenidos semejantes a los que solemos consumir— nuestras redes sociales se llenan de gente y noticias que avalan nuestras creencias. Un terraplanista puede encontrar grupos afines que reafirmen sus teorías y el algoritmo se encargará de proporcionarle vídeos similares y artículos relacionados hasta acabar convencido de la verdad de sus ideas. Sin darse cuenta de que esa realidad es una construcción que solo existe para él.

Los algoritmos únicamente han puesto en evidencia que siempre hemos sido esclavos de nuestras decisiones y sesgos. Primero, porque los humanos somos animales de costumbres: una primera decisión, incluso tomada sin mucha conciencia, puede acabar en un hábito que nos evite tener que pensar. Una vez tomada esta primera decisión, es muy probable que sigamos eligiendo lo mismo por la sencilla razón de que nuestra elección, por el hecho de ser nuestra, nos parece ya mejor. Es algo que saben bien los publicistas. Como también saben que una marca que se repite machaconamente acaba siendo conocida y siempre creemos que lo conocido tiene más calidad.

Segundo, porque el hábito hace el gusto. Literalmente. Nuestras decisiones nos moldean y domestican. Si siempre comemos alimentos dulces, los receptores del dulce se multiplicarán en las papilas gustativas y nuestra lengua se transformará poco a poco hasta acabar necesitando el dulce. Si salimos a correr frecuentemente, nos habituaremos a la sensación de placer que producen las endorfinas generadas por el deporte y necesitaremos seguir corriendo para obtener esta recompensa química. Si consumimos medicamentos sin mucho control, el cuerpo se acostumbrará a ellos y dejará de producir las sustancias por sí mismo, lo que derivará en necesidad y dependencia de esos medicamentos. Nos guste o no, acabamos siendo yonquis de nuestros hábitos. Y exactamente lo mismo ocurre con nuestro cerebro. El cerebro es un órgano moldeable que se adapta a nuestras necesidades. Es lo que se llama neuroplasticidad. Los ciegos, por ejemplo, utilizan la parte del cerebro especializada en la visión para desarrollar más el resto de sentidos. Un estudio realizado entre los taxistas de Londres descubrió que tenían un volumen mayor de hipocampo posterior —que es donde se almacena la representación espacial que nos permite guiarnos— que la gente con otras ocupaciones. Así que nuestro cerebro es un mapa a escala de nuestras rutinas. Acabamos siendo esclavos de nuestras elecciones y también de nuestros conocimientos. Nos lastra todo lo que somos y sabemos, pues nos cuesta salir del armazón conceptual que hemos ido elaborando, de los atajos conceptuales que ha creado el cerebro, de una mirada aprendida sobre las cosas con sus prejuicios y su forma de traducir el funcionamiento del mundo.

Nuestra experiencia hace que a veces no seamos capaces de entender y disfrutar cosas nuevas o diferentes a las que nos hemos acostumbrado. Como dice Yuval Noah Harari en *21 lecciones para el siglo XXI*: «No confíes demasiado en los adultos. La mayoría tienen buenas intenciones pero no acaban de entender el mundo».

Muchos padres se quejan de los gustos o ideas de los hijos y no las aceptan. Creen que ellos tienen la razón porque tienen veteranía sin darse cuenta de que esa experiencia acumulada es un lastre del pasado. Los tiempos cambian y nuestros conocimientos se convierten muchas veces en peso muerto, en error de traducción. Es posible que, aunque intenten entender a sus hijos, no lo logren del todo. Sus gustos generados hace años, sus decisiones tal vez repetidas, sus certezas, su bagaje e incluso la nostalgia —que nos hace creer que cualquier tiempo pasado (por mí) fue mejor— los aíslan de lo nuevo. Y este es también el problema para entender a los otros, los que piensan diferente, pues viven en otra burbuja de realidad distinta a la nuestra. Los equivocados porque, obviamente, nosotros siempre tenemos la razón.

Y a mis redes sociales me remito.

Uno de los problemas añadidos al tema de las burbujas de realidad y el tribalismo es que la gente no tiene mucho interés en demostraciones y pruebas si estas no apoyan sus ideas. Entre un dato objetivo y una habladuría, la mayoría de la gente elegirá la habladuría si esta defiende sus prejuicios. Es lo que se llama «sesgo de confirmación»: solo hago caso de los datos que me interesan, el resto los paso por alto o les quito importancia. Muy similar a lo que se conoce como Efecto Dixon: damos más importancia a las profecías cumplidas que a las no cumplidas. Una persona religiosa que reza a la Virgen pidiéndole milagros, no tendrá en cuenta las cuarenta y nueve veces que no se cumple su petición sino la única vez que sí se cumple.

—¿Veis? ¡La virgen me escucha!

Los medios de comunicación no ayudan mucho. Estamos en un momento de crisis profunda del periodismo, que ha pasado de ser una profesión seria al servicio de la verdad objetiva, los hechos y las pruebas, a convertirse en un panfleto tendencioso al servicio de la ideología de sus duenos. Y también al servicio de la tranquilidad de sus lectores, que no los leen para informarse sino para reafirmarse en su razón y en la equivocación de los contrarios. Gran parte del periodismo se ha separado de la investigación para acercarse al ideario. Infoxicación. Cada vez es una profesión más creativa, pues ya no busca llegar a verdades comprobables. Las verdades las tiene de antemano, lo que debe hacer es inventar los argumentos que les den un viso de verosimilitud a esas verdades. Un ejemplo es lo que ocurrió en la cadena FOX: los presentadores de los informativos hablaban de fraude electoral contra Trump delante de las cámaras y por detrás comentaban en conversaciones de WhatsApp que ese fraude no existía. ¿Por qué mentían entonces? Pues porque sus espectadores querían escuchar que sí había fraude, así que tuvieron que decir que lo había, buscar argumentos al respecto y encontrar pruebas —por absurdas que fuesen— que avalasen el pucherazo.

Es lo que se ha llamado *posverdad* e implica la manipulación y distorsión de la realidad primando las emociones y las creencias sobre los datos objetivos. Han dejado de importarnos los argumentos o los hechos probados y ahora cada cual cree lo que desea creer. Tal vez porque tenemos tanta información a un clic que, como vaticinaba Aldous Huxley en *Un mundo feliz*, la desinformación no ha sido causada por la ausencia de información sino por una sobreinformación que no podemos digerir. Porque no tenemos tiempo ni ganas de leernos cinco periódicos con titulares distintos y a veces contradictorios. Ni de pensar, cribar, asumir la complejidad. Necesitamos aferrarnos a algo fácil: un eslogan, un equipo de fútbol, una bandera, una cruz, un odio a cualquier cabeza de turco. Algo sencillo que nos guíe entre tanta confusión. Que nos deje bien clarito quiénes son los nuestros y quiénes los enemigos.

La sobreinformación nos ha anulado pero la posverdad nos lo pone fácil: como no es posible nadar entre tantas verdades, pues solo tenemos que escoger una que nos guste y creérnosla. Ya se ocuparán las burbujas de realidad creadas por las redes y los medios de comunicación de convencernos de que esa creencia elegida —por absurda que sea— es la verdadera. Y esto se traduce en tiempos de gran hooliganismo. El espíritu del hincha de fútbol nos ha poseído en todos los ámbitos de nuestra vida. Defenderemos a nuestro partido político, por ejemplo, aunque no cumpla sus promesas electorales, aunque nos robe, aunque entre en nuestra casa y nos golpee con una barra de hierro: porque es el nuestro y somos fieles a nuestros colores.

Otra consecuencia de este clima de guerra tribal es que estamos perdiendo la capacidad de empatía y de diálogo con los otros. Ya no importa entender al que opina distinto para llegar a consensos: importa insultarlo y machacarlo. Como esos hinchas de fútbol descerebrados que son capaces de agredir a jugadores de otro equipo o de insultar al árbitro en un partido de niños de ocho años, hemos confundido nuestras ideas, nuestros gustos o nuestras creencias con nosotros mismos. Atacan nuestras opiniones y nos sentimos atacados, como si nosotros fuésemos esas opiniones. ¿Tiene algún sentido? Las ideas están a nuestro servicio, no nosotros al servicio de ellas. Y están ahí para debatirlas, para ponerlas en entredicho o para discutirlas cuando sea necesario. Porque, seamos honestos: solo las máquinas se mantienen fieles a aquello que tienen programado. Pero nosotros somos personas, y las personas se supone que evolucionan, matizan, se adaptan a las circunstancias, cambian de gustos, afinidades y certezas. Y esto se hace mediante el debate, la confrontación pacífica, los argumentos, la reflexión y la observación de los hechos para extraer conclusiones. Por desgracia, la vida moderna no nos deja mucho tiempo para analizar y pensar tranquilamente sobre las cosas, así que necesitamos que nos lo pongan fácil. Y si puede ser tan fácil que no me confronten, pues mejor. Una verdad a la carta es lo más sencillo: ni debate ni conflicto ni reflexión. Y esto es ni más ni menos la posverdad: el descrédito del pensamiento ilustrado y científico donde los datos y las comprobaciones valen menos que las emociones. ¿Cómo si no se explica el terraplanismo? Hay una desconfianza generalizada que hace que solo nos fiemos de nosotros mismos, con una prepotencia —y una seguridad derivada de la burbuja tribal— que hace imposible el debate. No se puede debatir con los que creen saberlo todo y además desprecian a los que piensan diferente. Bajo la creencia conspirativa de la mentira y la manipulación acaban con cualquier argumento sólido. Si los científicos dicen que la Tierra es redonda se debe a una conspiración que pretende engañar a toda la población. Soros, iluminati, reptilianos, grupos de empresarios o políticos que tienen el poder en la sombra. Frente a la ciencia —cuyos datos son falsos e interesados para mantener el engaño, según estos grupos— nuestra propia percepción personal —¿Cómo no íbamos a darnos cuenta si fuera redonda?— o libros sagrados —¿Cómo va a ser la teoría de la evolución real si la *Biblia* dice claramente que Dios creó al primer hombre del barro?—. Esta credulidad voluntaria se vio muy bien durante el COVID. Algunos grupos extendieron la idea de que las vacunas tenían microchips con los que nos iban a dominar. Una vez decidida la creencia, solo tenemos que encontrar otros que piensen como nosotros y, sobre todo, anular cualquier tipo de pensamiento racional. Si hay mil médicos que dicen que la vacuna sirve y uno solo que dice que no, elegiremos a ese como ejemplo. Algunas personas llegaron a negar que el virus COVID existiese. Frente a las imágenes de la televisión y las historias de sus vecinos estaba su propia experiencia personal: que nadie a su alrededor había muerto y, si lo había hecho, pues seguro que era de otra cosa. O a causa de las propias vacunas.

Su verdad valía más que todas las evidencias en contra.

Como ya hemos explicado, hemos pasado de recoger pruebas para encontrar la verdad, a elegir una verdad y buscar aquellas pruebas, por nimias y ridículas que sean, que nos ayuden a defenderla. Nos hemos acostumbrado a cocinarnos en papillote con nuestra verdad sin salir apenas de nuestra burbuja, con medios de comunicación que han dejado de informar porque nadie quiere información, sino un masajito en la espada de sus creencias.

Este clima de fanatismo sordo y desprecio de los hechos frente a las emociones tiene como consecuencia un desprestigio de la educación en general y de la labor docente en particular. En España, al contrario de lo que ocurre en casi todos los países, maestros y profesores no son percibidos como una pieza importante —los que educan a las nuevas generaciones—, sino como funcionarios aprovechados e inútiles que trabajan poco y tienen muchas vacaciones.

Esta idea, unida a esa falsa creencia de que la verdad está de nuestro lado, hace que muchos tutores legales se presenten en los colegios e institutos a explicar a los docentes cómo deben hacer las cosas, lo que se aprecia bien en los grupos de WhatsApp de padres y madres de alumnos donde casi todo el mundo es experto en educación salvo los maestros y profesores, que al parecer no tienen ni idea de su trabajo.

Por otro lado, como ya hemos comentado, las quejas y demandas porque un profesor ha dado tal o cual contenido que atenta contra mis creencias, fe o gustos han acabado convirtiéndose en autocensura o directamente censura por parte de la directiva de la mayoría los centros. Muchas familias creen tener el derecho a decidir cómo se deben dar las clases a sus hijos y qué contenidos deben darse. Y ocurre que, para evitar problemas, actualmente se hacen muchas menos excursiones, menos actividades transgresoras y, en conclusión, en lugar de educar en el debate y la controversia, los docentes se limitan a tener un perfil bajo en el que nada debe ofender ni molestar. O sea, un perfil antieducativo. Un perfil blandito que va en contra de la verdadera labor del docente, que es hacer preguntas para que el alumnado encuentre sus respuestas, lo que nunca elude el debate. Al contrario. Porque las opiniones se forman con la discrepancia de ideas que nos obligan, como mínimo, a encontrar argumentos para defender nuestras creencias y, en muchos casos, a matizarlas e incluso a cambiarlas si fuese el caso.

Por otro lado, los límites solo se aprenden acercándose a ellos. Porque educar es también enseñar que hay gente diferente con opiniones diferentes. Y generar tu opinión personal tanto esgrimiendo unos argumentos como luchando contra otros. Educar no es evitar los temas polémicos sino ir hacia ellos de frente y enseñar cómo analizarlos y resolverlos. Educar es crear gente con convicciones propias y herramientas para salir de cualquier situación. Gente madura que pueda enfrentarse a la vida.

Escamotearles todos los conflictos es mantenerlos inmaduros. Hacer gatitos domésticos incapaces de desenvolverse en la calle. Lo cual tiene mucha relación, a mi parecer, con la falta de tiempo y, como consecuencia, la poca conciliación entre el trabajo y la familia, lo que repercute en dos aspectos cruciales. El primero, del que ya hemos hablado, es la infantilización de la cultura y la simplificación de los mensajes complicados en consignas fáciles de entender, lo que supone acabar delegando las ideas en la tribu elegida para que piense por nosotros. Dada la complejidad del mundo, necesito alguien que me traduzca y me diga qué pensar, así que elijo tribu y delego mis creencias en ella. Es absolutamente comprensible que, después de trabajar de sol a sol, no nos apetezca ponernos a investigar si es verdad o mentira la noticia que acaba de llegarme por WhatsApp sobre esos inmigrantes que cobran 4 000 euros al mes de ayudas. También es entendible que si vamos al teatro, lo cual ya es un gran esfuerzo tras estar toda la semana trabajando sin parar —y tras la jornada laboral yendo al gimnasio y a *mindfulness* y llevando a los niños a música y a fútbol y a ballet—, es para ver a un monologuista simplón diciendo que su novia está dos horas maquillándose, su suegra es mala malísima y esas cosas que hemos escuchado mil veces pero siempre nos hacen gracia. No estamos para Shakespeare. Y si escuchamos música, algo pegadizo que entre rápido, que puedas cantar el estribillo la primera vez que escuchas la canción. Lo mismo si te lees un libro: uno facilito, que no tienes la cabeza para más.

Es en cierto modo comprensible, y en los tiempos que corren soy consciente de que esta crítica tiene una parte elitista. Pero, sea como sea, somos una sociedad cada vez más dormida. Y tanto los medios de comunicación como los políticos como la industria cultural, en lugar de despertarnos, nos cantan nanas. La sociedad capitalista y su cultura del entretenimiento nos miman como los padres miman a sus hijos para protegerlos de los rasguños.

Pero lo más importante es el hecho de que muchas familias no pueden dedicar a sus hijos el tiempo necesario y se sienten culpables. Así que proyectan su responsabilidad en los docentes. Si mis hijos sacan malas notas o tienen ideas diferentes a las que tenemos en casa, la culpa es de sus maestros y profesores. Además, insultarlos y ponerles quejas sirve como mecanismo de compensación. Porque si me quejo y grito mucho parece que me preocupo más. Aunque, si lo pensamos, es solo un teatro de preocupación. Un teatro que nos hace meternos en el papel de padres muy involucrados en la educación de nuestros hijos cuando lo cierto es que no tenemos apenas tiempo de ayudarlos y entenderlos. Y por las mismas razones de compensación los sobreprotegemos. Si no puedo acompañarlos en su día a día para asegurarme de que son educados en las ideas que yo debería transmitirles, pues prohíbo y censuro y demando. Debería ser yo quien le hablara a mi hija de cómo entendemos el aborto en casa y debería ser yo quien le explicara a mi hijo por qué el profesor de Historia interpreta de esa forma —a mi juicio equivocada— la Reconquista, pero como no me da la vida, pues que se callen todos. Dejemos a los hijos en *stand-by* mientras encontramos tiempo para ocuparnos de ellos.

El filósofo surcoreano Byung-Chul Han reflexiona en varios de sus libros y artículos sobre cómo el capitalismo moderno nos ha hecho creer que el problema somos nosotros y no un sistema social imperfecto. Vivimos en la época del *coaching*, el *mindfulness* y el crecimiento personal. Si fallamos, si acabamos siendo unos *losers* es porque no lo hemos deseado lo suficiente, porque no lo hemos proyectado con fuerza, porque no nos hemos esforzado ni hemos trabajado. Todo es culpa nuestra. Por no estar a la altura de las circunstancias. Solo nuestra. Lo que deriva en estrés y ansiedad: debo ser el mejor, ser productivo, crecer en mi carrera, crecer en mi vida personal, aprender idiomas, mi propia MARCA, tocar la guitarra, comprarme una coche más grande que el vecino para demostrar lo que valgo. Lo mismo ocurre con nuestros hijos, a los que en ocasiones tratamos como trataríamos a un caballo de carreras, preparándolos para ser la mejor versión de sí mismos, usando la expresión que suelen utilizar los gurús de la autoayuda.

E imbuyéndoles de paso ese espíritu competitivo que requieren las leyes del mercado.

Entonces, cuando no cumplimos —o cumplen— las expectativas a las que la publicidad capitalista nos ha hecho aspirar, llega la depresión, la ansiedad, la autoflagelación e incluso el suicidio: no lo he conseguido, soy lo peor, no valgo para nada, mi vecino tiene un coche más caro, he defraudado a mis padres...

¿No es la jugada maestra del sistema capitalista hacernos creer que toda la responsabilidad es solo nuestra? Si hay más fracaso escolar es porque los niños no se esfuerzan. Que a nadie se le ocurra decir que es porque hay menos becas, menos presupuesto para los centros escolares o unos legisladores incapaces de dialogar para hacer una ley educativa que no cambie cada pocos años.

Si coges una baja por depresión o ansiedad es que eres un flojo que no aguantas la presión. Que a nadie se le ocurra decir que tal vez tenemos demasiada presión, que la vida no debería ser eso, que este sistema es una porquería porque nos enferma y hemos acabado usando los medicamentos y las terapias con la misma naturalidad que el cepillo de dientes.

Si no tenemos tiempo para nuestros hijos es que somos malos padres. Que a nadie se le ocurra decir que en este país la conciliación es dificultosa porque suele ocurrir que el momento de la crianza de los hijos —sobre todo en el caso de las mujeres que sufren el embarazo y llevan tradicionalmente el peso de la crianza— es el mismo que el de procurarse una carrera profesional exitosa.

No nos damos cuenta de que no debemos cambiar nosotros ni buscar cabezas de turco —como los docentes—, sino que debemos cambiar el sistema. Porque, como no puede ser de otra manera, el sistema capitalista está detrás de todo: de nuestra falta de tiempo; de nuestra culpabilidad por tener falta de tiempo y no poder dedicarlo a cosas importantes como la familia; y de nuestra ansiedad derivada de esa culpabilidad que nos hace tomar pastillas para dormir y acudir al psicólogo cada semana.

El capitalismo ha creado una forma de relacionarnos con las personas y las cosas cuyas dinámicas han llegado a la educación. Por ejemplo, la idea de que no somos usuarios sino clientes. Y no solo clientes sino *prosumers*, acostumbrados a hacer *zapping*, a valorar el servicio recibido con *likes*, a comentar en redes el libro que hemos leído o a ejercer presión para que una marca se desvincule de un programa de televisión que no nos gusta.

Si podemos poner una queja en la pizzería por tardar más de lo esperado en servirnos, un mal comentario en la serie *Last of Us* porque el tercer episodio cuenta una historia de amor homosexual y no me gusta que muestren esas indecencias, y comentar en Blablacar que el conductor que te llevó a Zaragoza puso una música horrible, ¿por qué no quejarnos y demandar a los centros y docentes? Sobre todo porque, como clientes, debemos tener la posibilidad de elegir. En el McDonald's podemos decidir si queremos carne, pollo, pescado o menú vegano, ¿no? Pues a mi hijo que le sirvan una bandeja de conocimientos y valores al gusto de sus padres. Y si soy religioso, que no le den charlas de sexo ni de drogas. Y si soy anarquista, que no le dé charlas la policía. Y si soy racista, que no le den charlas sobre inmigración. La polémica del pin parental es el ejemplo más claro de este derecho que creen tener los padres a elegir los contenidos de la educación de sus hijos a la carta. Una idea totalmente contraria a la libertad de cátedra, que podría definirse como el derecho de cada profesor a elegir —dentro de unos límites, obviamente— qué contenidos da y cómo los da, con el objetivo de no verse obligado por el gobierno de turno a dar un temario excesivamente cerrado y tendencioso. Es la misma idea que hizo que se creara el funcionariado, el conjunto de trabajadores del Estado que consiguen que el país funcione porque no están sometidos a ninguna presión derivada de la tribu o los favores que me debes al darte el empleo. ¿Cómo marcharía un país donde cada vez que se cambiara de gobierno se colocasen a los amigos de los políticos de turno? ¿Y alguien duda que si pudieran colocarlos no lo harían? Si cada cambio de gobierno acabase con un cambio de trabajadores, es bastante obvio que todo iría mal. Imaginemos que llega al poder la derecha conservadora, por ejemplo, y coloca solo a médicos antiabortistas; a policías abiertamente antinmigrantes; a profesores de creencias religiosas que enseñan que la homosexualidad es un pecado y Darwin un loco... Y después, cuando ganase la izquierda progresista, todos a la calle y a meter a los suyos con ideas radicalmente opuestas... ¿Tiene algún sentido? La libertad de creencias del funcionariado y en concreto la libertad de cátedra del profesorado nos asegura que habrá una representación de todo tipo de ideas y perfiles. Lo que se consideraba, hasta hace muy poco, la base de una buena educación: escuchar todos los argumentos, comparar y decidir. ¿Cómo si no tener un criterio propio lo suficientemente sólido? Sin contar con que en el mundo vamos a encontrar de todo: machistas, feministas, homosexuales, conservadores, inmigrantes... Si nunca nos hemos expuesto a personas diferentes a nosotros porque nuestros padres nos han tenido aislados, ¿cómo nos enfrentaremos a aquellas ideas contrarias a las nuestras? Lo mejor que pueden hacer los padres y madres feministas, por ejemplo, es dejar que sus hijos den clase con un profesor machista para que sepan cuáles son sus argumentos y cómo se comportan estos especímenes. Es posible que las actitudes trasnochadas de esta persona hagan más por el feminismo de sus hijos que cualquier charla. Y lo mismo le digo a los padres religiosos. Tener un profesor gay, si son realmente católicos, les enseñará lo malvados y antinaturales que son estos seres humanos que desafían la ley de Dios.

O no. Por desgracia es posible que los hijos no piensen en ciertas cosas como sus padres. Pero esa *traición* ocurrirá tengan esos profesores o no los tengan.

La utilidad es otra de las dinámicas capitalistas que ha entrado en la educación. Los padres se comportan como clientes, así que es normal que los centros educativos se vean cada vez más como una empresa que debe competir con sus rivales. Esto se nota sobre todo en los centros privados, a la caza de estudiantes, pero también en los públicos. No creo que la competencia sea mala *per se*, a algunas personas las hace esforzarse y sacar lo mejor de sí mismas para superar a los rivales, pero la realidad es que en muchísimas ocasiones nos esforzamos más en hundir al rival que en crecer nosotros mismos. O usamos el camino rápido que tiene que ver con trampas, triquiñuelas o competencia desleal. Un ejemplo: algunos colegios concertados obligan a comprar determinado material escolar o chándal o lo que sea para espantar a las familias con menos recursos y así convertirse en centros atractivos para las familias de los estudiantes que pueden permitírselo. Otro ejemplo: algunos centros invitan a los alumnos con peores notas a abandonarlo para que suba la media global y así salir en buenos puestos en los *rankings*. Y por último, igual que una tienda baja los precios para conseguir clientes, hay centros que suben la nota media de sus estudiantes, lo que es un aliciente para que nuestros hijos, si podemos pagar la mensualidad, vean mejorar su expediente.

En este contexto, el conocimiento se convierte en una mercancía cualquiera. El sistema educativo está enfocado cada vez más a la utilidad pragmática y a las salidas y necesidades del mercado laboral. Lo cual no sería malo si no se dejase de lado la educación integral, esos conocimientos menos útiles para encontrar trabajo pero esenciales para formarnos como personas. Cada reforma educativa, venga del color político que venga, acerca más los centros educativos a la servidumbre hacia las empresas. La idea de formar individuos críticos, creativos e independientes ha cambiado: hay que formar trabajadores útiles. Así que las asignaturas como Filosofía o Música o Plástica son cada vez menos necesarias. ¿Para qué le sirve Platón a un operario? ¿Qué aporta la sensibilidad musical a un oficinista? La educación obligatoria ya no quiere crear individuos libres, sensibles y autónomos sino trabajadores cualificados y ya. Se suponía que primero se tenían que dar conocimientos y formar a los niños como personas. Y más tarde, en la Universidad o la Formación Profesional, ya se les enseñaría un oficio. Sin embargo, parece que a estas alturas del capitalismo la parte de formar individuos sobra. Vayamos directamente a crear trabajadores. Y si les hemos enseñado a obedecer sin rechistar, pues mejor.

Permítanme volver de nuevo a Islandia y relatarles otra conversación, en este caso la que tuve con un joven violinista de la Orquesta Filarmónica de Berlín con el que coincidí en el vuelo de vuelta a España. Siempre me ha llamado poderosamente la atención la cantidad de artistas que hay en Islandia. La cantidad de músicos, escritores, pintores —también profesionales de otros ámbitos— con éxito internacional excede cualquier lógica para un país de 350 000 habitantes.

—¡En la orquesta filarmónica nada menos! —le dije—. ¿Cuál es el truco secreto de los islandeses para triunfar?

El joven ni siquiera lo pensó. Quizás no era la primera vez que debía responder a esta pregunta.

—Desde niños se potencia lo que uno sabe hacer. Si eres bueno en dibujo, te motivan en dibujo. Si eres bueno en matemáticas, te motivan en matemáticas. Así cada uno desarrolla desde pequeño aquello para lo que de verdad vale.

Pensé en España. Si eres bueno en matemáticas, perfecto. Si eres bueno en dibujo y malo en matemáticas, te apuntan a repaso de matemáticas. Sí, sí, las matemáticas son muchísimo más útiles para ser ingeniero.

¿Pero en serio todo niño aspira a ser ingeniero?

En España, las salidas profesionales relacionadas con lo artístico no suelen estar bien vistas. Si vuestra hija quiere ser arquitecta, doctora o abogada, dormiréis tranquilos. Si por el contrario, quiere ser cantante o actriz, es probable que intentéis convencerla para que estudie otra cosa y ya, si eso, en su tiempo libre estudiará canto o actuación. Esta es ya una gran diferencia con los islandeses, que creen que pueden ser violinistas de la orquesta de Berlín y eso hace que la cantidad de gente que consigue triunfar en profesiones poco valoradas en nuestro país —por miedo a no conseguirlo principalmente— sea altísima.

No todo niño aspira a ser ingeniero o directivo de una empresa. Y no todos serán felices siéndolo, aunque consigan ese buen trabajo y ese buen sueldo al que sus padres les insisten en aspirar. A veces nos olvidamos de que no todo en la vida es un buen sueldo. De que tal vez nuestros hijos preferirían tener una vida menos lujosa y trabajar de algo que les gustase de verdad.

¿Se imaginan ir todos los días felices a trabajar? ¿Puede un coche caro suplir esa sensación?

Algunos dirán que sí, obviamente. Pero nos olvidamos de los que dirán que no.

El hecho de que las asignaturas artísticas y de reflexión como Filosofía sean cada vez más irrelevantes en el currículo español da cuenta de estos tiempos de pragmatismo capitalista donde nada parece tener importancia si no vemos los resultados de forma rápida y tangible. Pero es absurdo a poco que se piense en ello. La creatividad y la conciencia crítica son fundamentales incluso desde un enfoque utilitarista que solo piense en las salidas profesionales. Porque ser creativo no significa hacer dibujos y escribir poemas —que también—, sino ser capaces de tener pensamiento lateral, de resolver problemas, de unir los datos de una forma diferente a como te enseñaron. Está claro que un artista sin creatividad no es nada, pero ¿adónde puede llegar un científico sin creatividad? Nos da la sensación de que la creatividad es una cosa de las humanidades, pero es absurdo: los empresarios con creatividad, que hacen las cosas de otra manera a sus competidores, son los que de verdad triunfan. Con el pensamiento crítico pasa lo mismo. Memorizar es cada vez menos importante porque todo está a un golpe de clic, pero tener criterio para seleccionar lo que se lee y ser capaz de encontrar datos y argumentos fiables empieza a ser un gran problema en este mundo de sobreinformación, *fake news, clickbaits* e inteligencias artificiales.

Permítanme ahondar un poco en la importancia de una asignatura como Filosofía. Aunque suponga desviarnos un poco del tema principal, creo que este ejemplo ayuda a entender cómo de equivocado está el enfoque utilitarista de la educación actual.

Pequeño interludio: o filósofos o cerdos

Médicos, abogados, jueces o banqueros son profesiones con poco futuro. Puede parecer una idea extraña, pero, según muchos informes y artículos al respecto, no son carreras con excesiva salida a medio plazo. Sin embargo, el futuro necesita filósofos. Los cambios tecnológicos de la era digital han insertado variables en el sistema que lo están cambiando todo: el Big Data y los algoritmos.

Los algoritmos que manejan la información volcada en la red son capaces de hacer diagnósticos médicos con más precisión que los propios médicos. Son capaces de invertir mejor en bolsa y de dictar una sentencia eliminando el fallo y el sesgo humano presente en cada uno de nosotros —aunque algunos más engreídos se crean libres de él—. Un solo ejemplo: el buscador de Google es más efectivo previendo una oleada de gripe que los hospitales. Y el buscador de Google no está diseñado para ello, así que, ¿qué no podría hacer una máquina diseñada con este fin concreto? Se cree que los algoritmos, en poco tiempo, van a acabar con muchísimos puestos de trabajo. Sin embargo, hay otros profesionales, no excesivamente considerados socialmente hoy en día, que van a ser indispensables... Los filósofos, por poner un ejemplo de profesionales muy desprestigiados socialmente. Porque el diseño de los algoritmos requiere pensar qué tipo de sociedad queremos construir. La era digital es uno de los mayores retos intelectuales a los que nos hemos enfrentado como sociedad: el futuro del mundo dependerá de la configuración de los algoritmos. De su ética e ideología. Y esto es muy peligroso si no se aborda desde el comienzo con pensamiento crítico y reflexiones profundas.

¿Que las máquinas no tienen ideología ni ética? Claro que sí. Pensemos en el diseño del coche inteligente. El algoritmo que lo conduce tendrá que decidir, en caso de accidente, si salva al conductor o salva al peatón. Podemos dejar esa decisión en manos de los empresas automovilísticas en nombre de la libertad individual o podemos diseñar una normativa pública que tenga en cuenta, por ejemplo, la edad de los implicados a la hora de tomar la decisión. Es horrible tener que decidir un *ranking* de personas más o menos merecedoras de vivir, pero es peor aún que no pensemos sobre ello, que las empresas tomen sus propias decisiones en la sombra. Porque ya las están tomando. Y aunque la idea sea que los algoritmos aprendan por sí mismos a resolver problemas e incluso a dar la respuesta a cuestiones éticas como las vinculadas al coche inteligente, no dejan de ser un programa diseñado por humanos y, por lo tanto, con sus sesgos inconscientes. Los ejemplos de algoritmos que se han denunciado por racistas o sexistas son numerosos. Busquen y verán.

Lo podemos ver con las redes sociales, por ejemplo. ¿Hace falta una normativa que las limite para evitar la manipulación política y comercial de los usuarios o vamos a dejar que los datos de los algoritmos se vendan al mejor postor? ¿Estamos los usuarios lo suficientemente formados e informados para enfrentarnos a las empresas tecnológicas que diseñan las redes sociales? Cuando entramos una red social, ¿somos los consumidores o somos el producto?

La filosofía es más necesaria que nunca.

Podríamos remontarnos a Platón y Aristóteles para discutir sobre algunos de los viejos dilemas que se plantean, de forma actualizada. La diferencia entre la ciudad justa de Platón frente a la ciudad feliz de Aristóteles, por poner un ejemplo clásico. Aunque ambos buscan el bien común, Platón cree que esto se conseguirá con la justicia social —pensemos en Cuba o Noruega, muy diferentes, pero con una búsqueda de la igualdad en ambos casos— y Aristóteles cree que se conseguirá si los individuos deciden sin excesivas presiones del Estado —pensemos en Estados Unidos—. Lo colectivo frente a lo individual como punto de partida para conseguir una sociedad perfecta.

Frente al diseño del algoritmo de las armas inteligentes, ¿usaremos la ética de Maquiavelo en la que el fin justifica los medios o los imperativos kantianos sobre lo que está bien y lo que está mal? ¿En el caos informativo de las redes sociales, dejaremos que las *fake news* campen a sus anchas en aras de la libertad individual total que promulga Popper o buscaremos alguna forma de limitarlas en nombre de la felicidad de la mayoría de la que nos habla el utilitarista Stuart Mill?

El dataísmo, por citar otro ejemplo, es una filosofía que defiende que todos aportemos, sin reservas, nuestros datos al Big Data para que este pueda aprender y los algoritmos mejoren nuestra vida. Por poner un ejemplo elocuente, podríamos prevenir enfermedades en lugar de curarlas. Los datos, bien tratados, pueden ayudarnos. La película *Moneyball* muestra cómo el análisis de estadísticas en el deporte supuso una revolución: demostró que los ojeadores se basaban en subjetividades. Los datos son objetivos y fallan mucho menos que las personas. Algunos países como China o Corea han creado *apps* para compartir los datos personales de sus ciudadanos, y este hecho, que produce fobia en la mentalidad occidental individualista, se descubrió muy útil frente al COVID. ¿Qué vamos a hacer con los datos? ¿Nos uniremos a ellos en lo que podría considerarse ya transhumanismo o los rechazaremos?

Decía el existencialista Sartre que la libertad era una condena llena de miedos, responsabilidades y remordimientos. ¿Queremos liberarnos de ella gracias a las máquinas o preferimos mantenernos independientes? ¿Tiene razón Nietzsche cuando afirma que la única manera de ser libre es suprimiendo la libertad, pues no se nos puede culpabilizar de nada? ¿No podríamos dar el poder a las máquinas y liberarnos de toda la carga de responsabilidades? Por otro lado, si los algoritmos no se equivocan eligiendo por nosotros y prediciendo lo que va a ocurrir, ¿va esto a favor o en contra de una sociedad que debe algunos de sus mayores avances a los errores?

Si, como dice Wittgenstein, los límites del lenguaje son los límites del mundo, los algoritmos van a ampliar los límites del mundo real. Las máquinas aprenden, van llegando a *razonamientos* —basándose en el Big Data— que, dentro de unos años, pueden ser absolutamente opacos para la mente humana. Algo así como lo que ocurrió en la fallida historia de amor entre Theodore y la inteligencia artificial Samantha en la película *Her*. Ella evolucionó y él siguió siendo humano, por lo que acabó abandonándolo. Si ahora entendemos más o menos la forma de *pensar* de los algoritmos, las *conclusiones* a las que estos llegan, en pocos años deberemos fiarnos de ellos con una fe ciega. E incluso existe el peligro de que generen, a partir de la programación inicial, unas reglas que contradigan nuestras éticas y formas de pensamiento, transformando poco a poco las ideologías humanas en favor de las suyas propias. El ejemplo más elocuente de esta desviación es Tay, el bot que creó Microsoft y que aprendía de las conversaciones con los usuarios sin filtro alguno. En solo un día respondía a sus interlocutores humanos con frases a favor de Hitler y en contra de los judíos y las feministas...

¿No hay demasiados retos intelectuales como para eliminar la filosofía de las aulas?

La filosofía fomenta el pensamiento crítico, el cual es absolutamente necesario para enfrentarnos al mundo actual: caos de información, *fake news*, falacias políticas, manipulación de las empresas, palabrería sectárea... ¿Vamos a dejar a las nuevas generaciones sin herramientas para enfrentarse a esta nueva y confusa realidad? Y más allá del individuo, si nos pensamos como sociedad: ¿vamos a dejar en manos de políticos y empresas el control de la ética de los algoritmos? Coches y armas inteligentes, diagnósticos médicos, redes sociales, manipulación genética, terraplanismo... ¿En serio no nos damos cuenta de que sin la filosofía navegamos sin rumbo? O peor aún: navegamos hacia donde quieren los dueños de las empresas y las corporaciones. Y sinceramente, no creo que estén pensando en el bien común, sino en su bolsillo... Ahora mismo somos como esos cerdos que van en camiones hacia el matadero para beneficio de sus amos.

La filosofía debe alumbrarnos o nos quedaremos totalmente a oscuras.

III

Hacia una educación que potencie la confianza y la autonomía

En esta última parte, pondremos algunos ejemplos de metodologías y enfoques didácticos que ayudarían a cambiar un sistema basado en la sobreprotección, la desconfianza y la dependencia por uno que fomente la madurez mediante la responsabilidad y la autonomía. Pero antes, permítanme citar otros problemas graves de nuestra educación, indirectamente relacionados con mucho de lo aquí expuesto.

Uno de los más graves es la falta de una ley educativa consensuada entre todos los colores políticos. Hoy en día, 2024, hemos tenido siete leyes. ¡En cuarenta años! Esto da una media de cinco-seis años por ley cuando los expertos dicen que para que una reforma empiece a andar hacen falta un mínimo de quince. Las nuestras no han pasado del gateo, por eso nuestra educación sigue arrastrándose por los suelos. Siete leyes que han acabado con la paciencia de los docentes, aumentando el desconcierto ante el cambio continuo de siglas y nombres de asignaturas; ante las nuevas nomenclaturas y enfoques que solo crean confusión —ahora por contenidos, ahora por indicadores de logro, ahora por estándares de aprendizaje, ahora por competencias...— cuando en las aulas apenas cambia nada. Porque la falta de presupuesto en Educación hace que sea dificilísimo sacarlas adelante, principalmente aquellas leyes educativas más ambiciosas. ¿Cómo lo hacemos si no hay tiempo para desarrollarlas, espacios adecuados, materiales suficientes y más docentes y expertos, lo que haría que bajara la ratio, que es en realidad la clave para mejorar cualquier sistema?

Y que nadie salga con esto de que antes éramos cuarenta en cada aula, pues hoy en día el alumnado es cada vez más dispar en capacidades y cultura. En una misma clase, actualmente podemos encontrarnos niños que no hablan el idioma vehicular, con un retraso educativo de varios años, con problemas cognitivos o incluso con discapacidad intelectual. Hace décadas, las aulas eran muy homogéneas y los diferentes eran cribados por la propia pasividad del sistema, que no ponía medios suficientes para ayudarlos y acababan abandonando la escuela a edades tempranas. Dar clase en aquellos tiempos en que éramos cuarenta en el aula era fácil: dabas clase para la mayoría y te desentendías de la minoría, esperando que las leyes darwinianas de selección natural expulsaran al alumnado con necesidades especiales.

Por suerte, esto ha cambiado y ahora todos tienen oportunidades, a costa del esfuerzo de todo el sistema educativo, principalmente de los docentes.

Pero volviendo al tema legislativo, a nadie sorprenderá la idea de que las leyes, las programaciones y demás burocracia, sin un buen presupuesto, son solo papel.

La serie *The Wire* lo explicó muy bien, sobre todo en la cuarta temporada que se centraba en la educación de Baltimore, esa ciudad convertida ya en metáfora del mundo moderno: no importa la realidad, importan los números. Así que las reformas se hacen muchas veces pensando más en los números que en las personas. ¿Leyes para que el alumnado aprenda o leyes para salir bien en el informe PISA y demás? Pues lo segundo. Porque el hecho de que los estudiantes no puedan repetir como ocurre en muchos países punteros en educación, por poner un ejemplo, estaría muy bien si hubiese salidas adecuadas para ellos: programas especiales donde mandar a los que se van quedando por detrás. Que existen, sí, pero pocos, mal montados y sin especialistas. La mayoría no podrán entrar en esos programas y los que vayan no recibirán probablemente la atención adecuada.

Principalmente por las ratios, claro. Si las clases no fuesen tan numerosas y pudiese darse una educación más individualizada, todo funcionaría bien. Estoy convencido de que incluso sin leyes educativas la educación funcionaría. Porque tal y como están las cosas, que el alumno promocione sin el nivel adecuado solo significa una cosa: que subiremos de puntuación en los informes europeos mientras bajamos nuestro nivel de contenidos y competencias. Porque en un grupo es habitual que sean los más lentos quienes marquen la velocidad de aprendizaje y que los más retrasados bajen el nivel. Es inevitable, sobre todo en grupos numerosos y sin apenas especialistas. En la era de los filtros, no podía faltar el educativo: todos parecemos más listos en los rankings aunque en realidad somos cada vez más tontos.

Es urgente conseguir de una vez por todas una ley educativa de consenso, pactada por la izquierda y la derecha. Porque cada ley viene con su neolengua, sus pequeños cambios en las asignaturas, sus nuevos libros de texto que las editoriales deben elaborar en tiempo récord y sus enfoques didácticos. Pero sucede que cuando los centros educativos aún están asimilando la ley, llega un partido de signo contrario al poder y lo cambia todo. Y de nuevo a la casilla de salida.

Lo más triste es que los muros que separan a los partidos políticos son principalmente cuestiones morales. Las leyes educativas no deberían ser el terreno de la guerra tribal, sino el terreno del debate y el conocimiento, pero por desgracia cada ideología impone sus valores y los escollos insalvables siempre acaban siendo el papel de la religión y la pertinencia o no de hablar de temas como la sexualidad o el género. Lo cual es ridículo porque mientras los políticos discuten sobre si la nota de religión debería contar para la media o no, la educación se resiente.

Antes de volver al tema que nos ocupa, me gustaría señalar otros dos problemas. El primero afecta principalmente a los niveles superiores de la educación y tiene que ver con las injerencias de los supuestos *expertos*. Una queja habitual de los estudiantes del máster de Educación es que la mayoría de sus docentes son profesores universitarios sin experiencia ni conocimiento de la realidad de las aulas. Muchos acaban el máster con la sensación de haber perdido el tiempo y de no haber obtenido herramientas para su futura labor docente. ¿No es lógico que sean los profesores de enseñanza secundaria los que den clases para formar a los futuros profesores de educación secundaria? Durante años he sido tutor de prácticas para estas personas que desean formarse como profesores. Es muy gratificante enseñar el oficio a una persona joven. Igual que el carpintero enseña a su aprendiz, el profesor enseña para que el oficio y la sabiduría alcanzada con la experiencia pasen de una generación a otra. ¿Tendría sentido que un arquitecto enseñase a los futuros carpinteros? Yo creo que no. Y de igual forma es absurdo que profesores universitarios enseñen a futuros profesores de primaria o secundaria. Durante tres meses hice una sustitución en la Universidad de Magisterio. Me horrorizó la experiencia. Se me pidió que diese teoría. Ya aprenderán la práctica en las aulas, me dijeron. Y tras la primera clase decidí desoír aquel consejo. Mi alumnado estaba en tercero de carrera y no tenía ni idea de la realidad de los centros educativos. Nunca nos han dado herramientas ni trucos ni actividades ni nada que nos vaya a servir cuando demos clase, me comentaron. Solo nos hablan de teóricos y teorías.

Otra queja habitual es que los exámenes de Selectividad —los llamo así porque cada poco tiempo le cambian el nombre— no se adecúan a la materia dada en Bachiller. ¿La razón? Son elaborados por profesores universitarios alejados de la realidad de las aulas.

Sí, la injerencia de la Universidad en la formación de los futuros docentes, y sé que esto puede sonar polémico, es perniciosa. Son arquitectos enseñando carpintería, lo cual no creo que forme buenos carpinteros.

Y, por último, ya que ha salido a colación el tema de los exámenes, debo hacer una última reflexión: los niños de hace cincuenta años ya no existen. Lo siento para aquellos que esperaban una jubilación tranquila. La llegada de internet, los móviles, las redes sociales, la IA, etc. ha generado un nuevo mundo y los nativos digitales ya no son igual que los nacidos en la era analógica. Sus cerebros, plásticos, se han configurado de forma diferente aunque pruebas PISA y algunos docentes se empeñen en seguir enseñando a un tipo de alumnado que no existe, pensando que la culpa es de los niños de ahora que ya no son como los de antes. En lugar de darse cuenta de que quien ya no encajan son ellos, anclados en tiempos pasados.

Este es un tema que daría para un libro entero, pero voy a intentar resumir algunas de las características de los niños y jóvenes del siglo xxi que los separan de la generación de sus padres. De esta forma veremos que estos nuevos bárbaros —como los llama Alessandro Baricco— no son ni peores ni mejores, solo diferentes. Y no asumir su diferencia es un gran problema docente:

1. Multitarea: la llamada generación Z es capaz de hacer muchas cosas a la vez. Su cerebro, desde niños, se ha configurado para atender muchos estímulos al mismo tiempo, pero con bajo nivel de concentración en cada uno de ellos. Es difícil para estos nativos digitales conseguir una gran concentración, pero no es culpa suya: su cerebro se ha educado de forma distinta al de sus padres, que crecieron con solo dos canales de televisión, las cintas de casete, la enciclopedia Larousse y un teléfono fijo en el salón para toda la familia. Ambos cerebros se han creado con estímulos distintos y se han adaptado a ellos. El cerebro del padre tiene una gran capacidad para la concentración y el esfuerzo. El cerebro del hijo, sin embargo, funciona en modo *multitasking*. Es verdad que no dedica excesiva atención a ninguna de las tareas, pero es capaz de llevarlas todas a cabo al mismo tiempo.

2. Redes: su conocimiento suele ser superficial y realizan cada tarea sin gastar demasiada energía, pero su mente está en constante movimiento. No es que sean

perezosos, sino que ahí es donde gastan su energía, en establecer redes sin cesar.

3. Caos: a su manera, y aunque sus padres no lo crean, ellos también aprenden. Ya hemos dicho que no profundizan demasiado en nada, pero establecen conexiones, senderos entre la información que reciben de uno y otro lugar. Porque su hábitat natural es el caos de la red, donde se mueven con soltura picoteando de aquí y de allá. Y de esa forma los nativos digitales crean figuras. Esta es su estrategia de conocimiento también fuera de internet. No profundizan en un solo tema, sino que se deslizan a donde les lleva un clic, una emoción o una intuición.

4. Desprejuicio: como se puede desprender de todo lo anterior —redes, movimiento, caos— los nativos digitales están mucho menos apegados al prejuicio y al canon. En el mundo de sus padres había que elegir entre ser rockabilly, mod, punk, pop o *bakalaero*, por ejemplo, lo que definía la música que escuchabas, la ropa que llevabas, dónde salías, con quién te juntabas e incluso, a veces, qué ideas políticas tenías. Hoy en día, apenas hay sentimiento de grupo. Pueden escuchar reggaetón tras una canción de Queen sin ver contradicción alguna. Tampoco el canon opera en ellos de la misma forma que antes. En la red hay miles de opciones y diferentes cánones. Existen los llamados *influencers*, es cierto, pero hay tantos y tan diferentes que es posible elegir el que más te representa.

5. Participación: no solamente eligen sus propios itinerarios en la información, su propio canon sin atender a las viejas etiquetas divisorias, sino que están acostumbrados a ser dinámicos, a crear itinerarios, a participar y tomar partido. Si su madre se educó como observadora —de la tele, de la música, de sus profesores...—, la hija no está acostumbrada a la pasividad. Elige qué serie o película quiere ver y a qué hora quiere verla, qué música o podcast escucha —no limitada al repertorio de casa o de la radio—, qué leer entre las miles de opciones de la red o del eBook... y cuando ve la película o escucha la canción valora si le ha gustado e incluso pone alguna vez un comentario. Conforme va creciendo, también comenta las noticias que lee online, participando en debates al respecto. Incluso puede ser que esté pensando en montar su propio blog o canal para hablar sobre las películas y la música que le gusta, comentando también sobre la actualidad si así se lo pide el cuerpo: ¿por qué no?

Podría hablar de otras cualidades desarrolladas por los más jóvenes a causa de las nuevas tecnologías como la autogestión, el nuevo auge del *do it yourself* [hazlo tú mismo] que permiten las nuevas tecnologías, el cooperativismo o el poco respeto hacia la propiedad intelectual, pero como he dicho no pretendo hacer un análisis exhaustivo y me he centrado solo en ciertos aspectos generales de su relación con el mundo que les rodea. El reto, en mi opinión, es si los educadores —padres, profesores, agentes culturales...— seremos capaces de entender que, a pesar de sus defectos, tiene cualidades que vale la pena explorar y un lenguaje que debemos aprender para poder guiarlos. Porque si no lo hacemos, les habremos fallado.

Voy a poner un ejemplo que probablemente resulte polémico: la ortografía. Cada cierto tiempo aparece una noticia diciendo que los estudiantes tienen cada vez más faltas de ortografía. Mi experiencia me dice que es cierto. Pero, como siempre, la información es una y sus interpretaciones son miles. Suelo leer o escuchar que tienen faltas porque ya no se esfuerzan, porque no leen, porque cada vez son más tontos... Lo de siempre, una generación —muy lista— echando pestes de la siguiente generación —muy estúpida—.

En fin.

Pero si nos paramos a pensar dos segundos antes de maldecir, la respuesta a este problema es obvia: los niños de hoy en día no escriben en papel, sino en dispositivos que corrigen sus faltas. El bolígrafo y la libreta son instrumentos que solamente se usan en el aula. Instrumentos del pasado porque en el mundo real ya apenas se utilizan. ¿No es este dato bastante sintomático del estado *nostálgico* de la educación, centrado en educar en un mundo que ya no existe?

Volviendo al ejemplo del GPS, si los conductores cada vez recordamos peor cómo llegar a los sitios, pues delegamos nuestra memoria en una aplicación, pues exactamente pasa lo mismo con la generación Z y la ortografía. Escriben en dispositivos que corrigen las faltas y, obviamente, su mente delega en estos autocorrectores de forma automática.

¿Estoy diciendo que no se debe enseñar ortografía? Pues no. Lo que estoy diciendo es que debemos entender qué está pasando y no culparlos a ellos. Y reflexionar sobre quiénes son nuestros alumnos y qué características tienen para adecuar nuestras enseñanzas a ellos, y no esperar que ellos se amolden a las nuestras, obsoletas porque ese mundo ya pasó.

Un último ejemplo: ChatGPT y las IA.

Les guste o no les guste a algunos, ChatGPT no va a desaparecer. Pueden quejarse y maldecir, pero cuando acaben de aburrir a todos con sus lamentaciones, ChatGPT y el resto de IA seguirán ahí. Así que, más que nada por ahorrar tiempo, deberían empezar a hacerse a la idea, sobre todo si afecta de forma determinante a su profesión.

Hay tres formas de enfrentarse a lo nuevo. La primera consiste en despotricar sin parar, ser catastrofista y hacer una enmienda a la totalidad en nombre de los valores superiores de lo antiguo. Toda música moderna —que no suene a lo de antes— es mala, toda última moda es ridícula y todo adelanto científico-técnico acabará con la civilización.

La segunda, menos habitual, consiste en abrazar toda novedad como la gran esperanza que acabará con los problemas del mundo y nos acercará a la utopía. Una utopía más bien indeterminada donde todos somos libres —otra palabra confusa— y felices. Por desgracia, ambas son bastante absurdas. Internet, por no irnos muy lejos, no acabó con el mundo ni lo salvó. Las dinámicas generales siguieron tal cual en el nuevo universo virtual: los monopolios, el pensamiento tribal, el entretenimiento vacuo, etc.

Así que supongo que lo lógico es tomar la tercera vía, esto es, observar con objetividad e intentar comprender cómo funciona: qué podemos sacar de bueno y cómo debemos protegernos de lo malo.

La llegada de ChatGPT al ámbito educativo lo ha trastocado todo. Hay docentes que se han formado e investigado, con bastantes ganas algunos. También he escuchado verdaderas barbaridades apocalípticas de personas que rehúyen cualquier conversación al respecto. Por la sencilla razón de que ya tienen la respuesta: ChatGPT es una aberración y no puede aportar nada bueno. ¿No les parece que no hay nada más infantil que esta actitud? Porque aunque cerremos los ojos, la realidad es la que es. Ningún profesor debería dar la espalda a las IA por una sencilla razón: su alumnado ya las está usando. Es muy probable que algunos de los trabajos que han entregado durante estos últimos cursos hayan sido elaborados por ChatGPT. Así que si quieren quejarse, háganlo rápido, a 2x si es posible, y pónganse a trastear con las nuevas herramientas porque no hay tiempo que perder.

Platón dijo que la escritura acabaría con el saber y la memoria. Luego fue el ordenador quien iba a acabar con todo. Luego el buscador de Google. Ahora es ChatGPT. Pero lo cierto es que, si sabemos usarlo, puede ser una herramienta útil, no tan diferente de un buscador. Recuerdo cuando era adolescente y hacer un trabajo significaba ir a la biblioteca a buscar en diversas Enciclopedias. Recuerdo que los malos alumnos solo buscaban en una. Copiaban descaradamente de un artículo. Con Google la cosa siguió igual. Los malos alumnos copian y pegan de una sola página web, a veces sin quitar los enlaces de hipertexto. Los buenos, sin embargo, buscan en varias fuentes. Y con ChatGPT pasa un poco lo mismo. Los malos copian directamente lo que escribe la IA y los buenos la usan como una herramienta más.

Hace tiempo descubrí que un par de alumnas me entregaban textos —de tipo argumentativo y periodístico— hechos por el algoritmo. Me di cuenta tarde. Me parecía sospechoso que en clase apenas escribían pero siempre traían de casa textos muy solventes. Aburridos y con poca *gracia* pero solventes. En estos textos no fue el lenguaje el que las delató —esas palabras de registro culto que copian de las páginas web y ni siquiera ellos saben qué significan—, sino la estructura. Empezaban con una definición de los términos de la argumentación para después exponer el tema y cerrarlo con una conclusión floja pero a fin de cuentas conclusiva. Los estudiantes de esa edad no suelen estructurar tan bien los textos así que les pregunté: ¿Y este comienzo con definiciones? Su respuesta fue tajante: Es normal que primero definamos los conceptos, ¿no? En ese momento me di cuenta de que ChatGPT les estaba enseñando a estructurar bien, que podía ser útil si yo sabía cómo guiarlos. Asumí que mi responsabilidad como educador era conocer la herramienta y enseñarles a utilizarla. Porque podía ayudarlas, claro que podía. Y aquí voy a hablar, muy brevemente, de cómo hacerlo: lo primero que debemos asumir es que ChatGPT cambia el paradigma y coloca a su usuario en otro lugar. Si hasta ahora utilizábamos las herramientas digitales para corregirnos y asistirnos, ahora es al revés: la herramienta crea el contenido y somos nosotros los que debemos corregirla y editarla. Usando una metáfora musical, nuestro trabajo se asemeja ahora más a un DJ que trabaja con información previa y debe pulirla y modelarla para adecuarla a lo que necesita. Un cambio de lugar que a muchos parecerá indigno pero que, en realidad, va mucho con el signo de los tiempos —más *creative commons* que *copyright*— y que, bien enfocado, ahorra tiempo sin que el alumnado aprenda por ello menos.

Podríamos decir que con ChatGPT el foco debe ponerse en otros sitios: en primer lugar, en la labor para corregir y editar los textos creados por IA y en segundo lugar, y muy importante, en los PROMPTS —instrucciones— que el alumnado usa. Porque, como bien saben los filósofos, hacer las preguntas adecuadas es a veces tan importante o más que saber responderlas. A partir de ahora deberemos enseñar a hacer bien las preguntas para conseguir las respuestas adecuadas del algoritmo.

En realidad, el futuro de la educación tras las IA no se desvía demasiado de la tendencia de los últimos tiempos. Ni la memorización ni los ejercicios mecánicos ni los deberes tienen demasiado sentido ya. Al contrario, la tendencia inevitable es enseñar en la participación activa y el uso práctico. Para que no nos engañen se hace necesario evaluar el proceso, no solo el resultado, y debemos enseñarles a explicitarlo mediante fuentes y esquemas previos así como a sumar reflexiones, anécdotas personales, opinión, etc. Pero esto que estoy diciendo no es más que lo que ya deberíamos estar haciendo en las aulas: no pedir trabajos mecánicos y no valorar solo el resultado sino su proceso, así como las reflexiones y opiniones personales suscitadas. En estos momentos es necesario que los estudiantes se den cuenta de que sus ideas son importantes y deben exponerlas.

Ante cualquier adelanto técnico, saldremos airosos con aquello que tenemos los humanos y no tienen las máquinas: LA MIRADA PERSONAL. Es lo que hicieron los pintores impresionistas y expresionistas frente a la fotografía, por poner un ejemplo bien conocido. Y es al poner en valor esa subjetividad como evitaremos que ChatGPT haga los deberes de nuestro alumnado. Recuerdo que un buen alumno me entregó un texto reflexivo lleno de tópicos y bastante descafeinado, como suele ser todo lo que escribe, por ahora, ChatGPT. Hablé con él, con pedagogía: no sé si lo has sacado de una IA pero parece que sí porque tú reflexionas mejor y tu estilo suele ser irónico y divertido, mientras que este texto es aburridísimo. No le mentía. Tal vez ChatGPT le hizo el trabajo, pero debe entender que ChatGPT no es mejor que él. Que puede ayudarle pero no sustituirle. Esa mirada propia es nuestra mejor baza. Como educadores, debemos potenciarla.

Hay que enseñarles a usar los algoritmos. No demonizar ni prohibir su uso sino enseñarles cómo usarlos. Las IA pueden ayudarnos a buscar información —como una Enciclopedia o Google—, a corregir la ortografía y el estilo, a organizar las ideas e incluso a estructurar mejor. Pero deben ser conscientes de que si no hay una revisión activa de los datos —ChatGPT comete errores y además no tiene la información actualizada— el texto no valdrá nada. Tal vez les escriba un texto, pero solo ellos pueden convertirlo en un buen texto: personal e interesante.

ChatGPT no es más que la homogeneización poscapitalista hecha algoritmo. Aprender a tunear ChatGPT potenciando la subjetividad y creatividad de cada alumnos puede ayudarnos a luchar contra esa homogeneización sosa y superficial que ya estaba ahí y la IA ha puesto en evidencia.

Acabemos de una vez con los ejercicios estructuralistas de rellenar huecos, con las memorización vacía y con los trabajos mecánicos y poco motivadores. Busquemos actividades donde prime la reflexión, la creatividad, el debate, el encuentro y la búsqueda de preguntas tanto como la de respuestas. Ahora tienen un asistente para hacer sus tareas: enseñémosles a dirigir y gestionar.

Las IA ya están aquí y no podemos ignorarlas. Cambiarán nuestra forma de hacer y, sobre todo, de evaluar. Nos apetezca más o menos, los tiempos han cambiado y debemos estar a la altura. Nuestros estudiantes ya lo usan. No enseñarles cómo hacerlo es educarlos en un mundo sin ChatGPT que, por suerte o desgracia, ya no existe.

Y tras matizar todo esto, volvamos al meollo del asunto. Para ello comenzaré hablando de algunas diferencias con sistemas educativos como el islandés o el sueco que me llamaron la atención, pues fomentan la autonomía personal y la responsabilidad consiguiendo que los estudiantes sean conscientes, desde edades tempranas, de que ellos manejan el volante de su aprendizaje y ningún adulto-GPS va a tomar las decisiones por ellos.

La primera aclaración: la idea no es defender el sistema educativo de ningún país, sino describir aquellas dinámicas o formas de trabajar que podrían ayudarnos a mejorar el nuestro. No me gusta excesivamente el sistema educativo de Suecia, basado como el de Estados Unidos, por ejemplo, en la competitividad neoliberal y en los *rankings*. Creo que cuando todo se basa en números, los números acaban siendo más importantes que los alumnos. Pero me encanta la confianza con la que tratan a los estudiantes. Todos los adolescentes suecos son conscientes de por qué estudian —para tener un futuro mejor— y de que el papel de los profesores es el de ayudarles a conseguir sus metas. No los ven como policías vigilantes, ni como padres protectores ni como directivos a los que deben obedecer porque sí. Los ven como aquellos que pueden ayudarlos a ir a la Universidad y/o conseguir un trabajo. Trabajan en su equipo, no en el rival como aquí sienten a veces los adolescentes. También los padres tienen esa percepción y se fían de los profesores. Es más, les agradecen su trabajo. Un pequeño ejemplo bastante elocuente: en Suecia los horarios de los alumnos tienen muchos huecos libres. O mejor deberíamos decir franjas horarias sin clases lectivas. Son horas que dedican a trabajar en proyectos, estudiar, hacer actividades. De forma totalmente autónoma en espacios comunes que hay por los centros educativos. Y aquí, en el propio diseño de los edificios, ya vemos una diferencia de intención: no parecen cárceles sino gigantescas bibliotecas donde trabajan a su aire. Y si tienen dudas buscan al profesor que necesiten para que les ayude o explique algo.

Es decir, los estudiantes durante ese tiempo sin clases se organizan a su manera y en lugar de seguir las órdenes o indicaciones de los docentes, son ellos los que demandan aquello que necesitan específicamente.

Desde su percepción, los profesores no ordenan. Los profesores ayudan.

Lo que un observador imparcial encuentra a cualquier hora en un centro español, salvo en la hora del recreo, son grupos de alumnos divididos en aulas —o espacios de trabajo como el gimnasio, laboratorios, sala de ordenadores— acompañados de un adulto que va guiando la clase. En excepcionales ocasiones, si un alumno está enfermo o ha sido disruptivo, es separado del resto sin dejar de ser supervisado por un adulto.

Lo que observaría este mismo observador al pasear por un centro islandés o sueco es similar —grupos de alumnos divididos en aulas y espacios de trabajos con un docente—, pero la diferencia es la cantidad de estudiantes que encontraría en espacios comunes: pasillos, vestíbulo, biblioteca, cafetería, etc. Los centros están creados para que la flexibilidad sea máxima, tanto dentro de las aulas como en las zonas comunes, que se usan indistintamente. A veces nos puede parecer que el espacio físico es solo el lugar en el que suceden las cosas pero es mucho más que eso pues determina cómo se hacen esas cosas. El centro educativo español está diseñado, como ya hemos visto, de manera similar a un centro penitenciario: largos pasillos, aulas cerradas, vallas. No es extraño que, en algún instituto, el alumnado escriba con rotulador una J delante de la palabra Aula: Jaula. Los centros educativos de estos países citados tienen una filosofía diferente que se basa en la confianza en los estudiantes. Los pasillos son tal vez igual de largos, pero están llenos de sofás y sillones donde pueden sentarse a leer y estudiar. Las aulas están cerradas tal vez para evitar el ruido, pero cualquier alumna puede abrirla y salir de clase sin pedir permiso —o pidiéndolo por educación— si necesita ir al baño o simplemente quiere sentarse unos minutos en un sofá para desbloquearse o llorar por algún problema personal o lo que sea. Las vallas a veces están, pero a partir de cierta edad pueden marcharse a casa si así lo desean sin necesidad de acompañamiento adulto. Pero la gran diferencia con los centros españoles son estas zonas comunes de las que hablaba: grandes *halls*, cafeterías, bibliotecas y rincones repletos de sillas, mesas, sofás, alfombras con cojines. Lugares abiertos donde los estudiantes trabajaban a su aire.

En uno de los institutos de Islandia a los que fui como observador descubrí una práctica en cierto modo similar a los *huecos* horarios de los suecos. En este centro, los miércoles era el día de los proyectos. Cada trimestre se proponía un tema y los alumnos, en grupos, realizaban proyectos según sus intereses.

—Si trabajan en lo que les gusta son felices y se motivan —fue la explicación que me dieron. Y me repitieron, por si no había quedado claro, que la educación islandesa buscaba en primer lugar la felicidad de los estudiantes.

En el momento de mi visita, el tema elegido era la ecología. Había grupos de trabajo que habían decidido hacer un gran mural para el *hall* y estaban trabajando allí mismo, en el suelo, lo que me obligó a saltar sobre ellos para avanzar. Otro grupo estaba en el laboratorio haciendo una depuradora de agua con un profesor de ciencias. Otro, en el aula de tecnología construyendo animales con madera. Otro, en el patio grabando un corto. Otro, con los ordenadores viendo documentales para inspirarse porque no sabían qué proyecto desarrollar. Incluso había dos chicas encerradas en el baño grabando una canción de hip hop sobre el cambio climático porque el profesor de música les había dicho que la acústica era mejor allí. Como vemos, ellos elegían qué deseaban hacer e iban libremente por el centro, a su ritmo y albedrío, pidiendo ayuda a los profesores si la necesitaban.

El grupo de trabajo que más me llamó la atención era el que no había ido esa mañana al centro porque los estudiantes estaban entrevistando a un científico del barrio. Y me llamó la atención por el hecho de que estaban por la calle en horario escolar sin supervisión adulta. ¡Y a todos les parecía bien: profesores, directiva, padres, leyes!

Me encantó el ambiente de ese miércoles de proyecto. Los adolescentes iban y venían, se agrupaban en sofás, en mesas, en el aula de tecnología o frente a una tablet. Y la sensación era de trabajo. Estoy seguro de que algún grupo o estudiante aprovecha esta libertad que les dan para no hacer nada, pero no podemos hacer reglas pensando solo en las excepciones. La mayoría trabajaba de forma autónoma y responsable. Supongo que educarlos con esa confianza e independencia desde niños consigue unos adolescentes capaces de trabajar y respetar plazos sin necesidad de presión. Porque saben que su trabajo no tiene como fin cumplir una orden y evitar el castigo, sino prepararlos para una profesión.

La libertad con la que son educados llega incluso más allá. Como me explicaron, no querían presionarlos ni frustrarlos demasiado por eso el sistema educativo no permite que repitan. Hay alumnos que no llegan al mínimo, pero ellos creen que marcándolos y estresándolos no van a cambiar sus capacidades y mucho menos su motivación. Si unos niños no son buenos en alguna asignatura, intentan potenciarlos en otras. Porque lo importante es que desarrollen habilidades, sea de la forma que sea. Se puede fomentar la lectura comprensiva con una novela o con un cómic. Quien pueda leer quinientas páginas, perfecto. Quien solo pueda leer cincuenta, pues también está bien mientras sea capaz de entender y reflexionar sobre lo leído. Porque no todos los niños sienten la misma pasión por la lectura. De igual modo, se puede fomentar la creatividad haciendo un dibujo, una redacción, un canal de YouTube, un circuito electrónico o construyendo una silla en el aula de tecnología. Además, muchas veces nos equivocamos en los objetivos básicos: un logaritmo neperiano o un análisis sintáctico son bastante inútiles y aburridos para muchos niños que no tienen el interés o la capacidad para los estudios superiores. Lo importante es que los alumnos se conviertan en personas responsables, independientes, capaces de trabajar en grupo, respetuosos, sociables y, sobre todo, capaces de aprender y valerse por sí mismos. Y si alguno no llega al logaritmo, pues no llega. Tal vez ese alumno se convierta en un buen fontanero o en el nuevo cantante de moda. ¿O es que los fontaneros y los cantantes no son necesarios?

Es inevitable comparar. Como ya hemos repetido una y otra vez, aquí no educamos para la autonomía sino para la obediencia. Probablemente nuestro sistema es herencia del concepto de familia mediterránea, con la *mamma* protectora a la cabeza. Y también del catolicismo donde los sacerdotes siempre median entre el creyente y Dios, como muestran los sacramentos, principalmente el de la Confesión. Sin entrar demasiado en este tema, no podemos olvidar que el individualismo y el protestantismo del norte de Europa tienen una noción mucho más autónoma del individuo que ni debe ser protegido hasta la tontuna por la familia ni necesita mediadores para hablar con Dios o hacer los deberes. Allí creen que cada cual alcanzará sus metas según su esfuerzo personal. Y de este pensamiento deriva lo mejor —individuos autónomos y maduros— y lo peor —competitividad neoliberal entre centros educativos— de su sistema.

Siempre a mi entender, por supuesto.

Me viene a la cabeza la protagonista de la novela *El lector* de Bernhard Schlink, una funcionaria de prisiones nazi que no entendía de qué se la acusaba: a mí me contrataron para mantener a los prisioneros encerrados. ¿Qué culpa tengo yo si mi trabajo era evitar que se escaparan?

¿Qué culpa tiene quien sigue órdenes?

Así, como esa funcionaria, nuestros alumnos aprenden a obedecer, a acatar normas y pautas, sin entender muy bien que el sentido último de su esfuerzo es labrarse un futuro. Ven la educación como un trámite obligatorio que deben cumplir para satisfacer a los profesores, a los padres y a la sociedad sin comprender de manera plena que por quien deberían esforzarse es por ellos mismos. Pero es normal: no les hemos dado las riendas ni la capacidad de tomar decisiones. Solo órdenes. Y quien recibe tantas órdenes acaba pensando que no pinta nada, se deja llevar, se desvincula de la responsabilidad. Como la chica de la novela, hace su trabajo sin ser capaz de ver las implicaciones que conlleva.

¿Es esto lo que queremos? ¿Crear adultos-Disney irresponsables e incapaces de valerse por sí mismos?

Otra cosa que llamó mi atención en Suecia fueron los clubs extraescolares. Estuve hablando con una adolescente de dieciséis años que estudiaba diseño de videojuegos y había montado un club de danza. En este momento solo somos nueve personas, dijo, pero acabo de empezar y estoy segura de que el club va a crecer porque la gente está encantadísima. Se la veía muy feliz y orgullosa de su club. Ella lo montó, lo coordinaba e impartía las clases. Me contó que llevaba desde niña recibiendo clases de danza y le encantaba poder compartir su pasión con sus compañeros.

Su club no era único que se ofertaba tras la finalización de las clases. Había clubs de ajedrez, de videojuegos, de debate, cinefórum, yoga, deportes. Como es comprensible, de un año para otro variaban, aunque los más populares solían mantenerse pasando en herencia de los estudiantes mayores a los más jóvenes. Porque todos los clubs eran llevados por estudiantes. El centro educativo solo se ocupaba de atender las demandas de los clubs. Por ejemplo, la cesión de un espacio adecuado para desarrollar la actividad.

Es fácil imaginar lo empoderador que debe de ser para una menor dirigir un club extraescolar: gestionarlo, hacerlo atractivo para conseguir socios, preparar las clases. Y lo sencillo que resulta para los centros. Sin embargo, el beneficio desde el punto de vista educativo es altísimo, mejor que muchas clases guiadas. Fomenta la iniciativa, la autonomía, la responsabilidad, la capacidad de gestión, la resolución de problemas y las relaciones interpersonales. Los coordinadores de los clubs son quienes más aprovechan este aprendizaje, pero los participantes también lo hacen aunque sea de una forma más sutil. Por lo pronto, acuden de forma voluntaria en horario no lectivo y su puntualidad, interés, trabajo y participación no tiene como objetivo contentar a ningún docente. Son relaciones horizontales donde las jerarquías son asumidas de forma natural, sin imposición de ningún tipo: si quieres aprender danza, pues debes seguir las indicaciones de la profesora que es la que sabe, aunque sea más joven que tú. Si no te interesa el club o la persona que lo imparte, simplemente cambias a otro. Todo lo que haces, lo haces por y para ti mismo.

En Estados Unidos hay una tradición similar, aunque allí las extraescolares sí tienen un propósito: conseguir plaza en una buena universidad. Haber pertenecido al periódico del instituto, al grupo de teatro o al club de ciencias puede ayudarte a entrar a en una determinada carrera relacionada con la extraescolar. E incluso, aunque no haya una gran relación, la coordinación y participación en determinadas extraescolares denota iniciativa, capacidad de liderazgo y espíritu emprendedor.

No soy muy fan de la educación estadounidense pero no me parece lógico que la forma de acceder a una universidad española sea solamente mediante las notas de clase y de un examen puramente teórico. Me parece importante que se tengan en cuenta aspectos como la formación personal y las extraescolares. No solo porque demuestra interés y cierta preparación para los estudios universitarios que desean cursar, sino también porque los obliga a gestionar responsablemente su educación preuniversitaria tomando decisiones y esforzándose en algo que no repercute directamente en sus notas y no son tareas obligatorias demandadas por los docentes.

Estas formas de entender las extraescolares tienen en común la exigencia de un alumnado activo en su propio proceso de aprendizaje, que no se limita a obedecer órdenes y realizar el trabajo encomendado.

Para acabar, me gustaría hacer una última reflexión: creo que, en estos momentos, es labor de los docentes educar a toda la sociedad en su conjunto. También a las familias. Con pedagogía, por supuesto. Señalar no sirve para nada, si queremos que la gente cambie solo podemos usar la pedagogía. Cuántas veces ha venido una madre o un padre a hablar conmigo y cuando le he explicado que demasiada protección infantiliza a sus hijos, lo han entendido perfectamente y me han dicho que no se habían dado cuenta, que los acompañarán en su proceso de aprendizaje pero no serán su GPS para dejar que descubran ellos solos el camino. A veces creemos que proteger es bueno sin darnos cuenta de las consecuencias del exceso de protección. Por eso, en muchos centros se crean escuelas de padres o charlas concretas que ayuden a las familias, a veces realmente perdidas y con tan poco tiempo libre que deben delegar en otros —abuelos, niñeras, docentes, profesores de repaso o extraescolares— el cuidado de sus hijos. Del mismo modo, creo que es necesario explicar las cosas bien cuando los estudiantes no las entiendan o estas confronten sus ideas, pero evitar las polémicas y los debates no es una práctica docente correcta. No nos autocensuremos en nuestra labor diaria de enseñanza por miedo. Porque si algunas familias, a veces con planteamientos equivocados, ponen los límites de lo que debemos decir y hacer, los docentes estamos asumiendo que están por encima de nosotros. Estamos permitiendo que pongan en entredicho nuestro trabajo y acaben explicándonos cómo hacerlo. Si vivimos asustados, intentando no molestar nunca, evitando los problemas, no estamos educando. Estamos contando un cuento de Caperucita sin lobo y las niñas aprenderán que salir por el bosque no es peligroso. Nos estaremos sometiendo a la dictadura de lo blando, de lo plano, del asentimiento sin fricciones.

Estaremos dejando de educar.

Sé que el día a día es más complejo y que nadie tiene ganas de enfrentarse a directivas asustadas por las demandas, padres ofendidos, alumnos que han encontrado en la victimización una forma de llamar la atención, y una sociedad para la que la labor docente no goza de mucho prestigio. Pero los centros educativos son el lugar desde el que empezar a producir el cambio. Porque nuestro alumnado se merece que seamos valientes y que, ante tanta presión por sobreproteger a los menores, les demos la confianza y la autonomía suficientes para crear adultos maduros, seguros de sí mismos y responsables.

Agradecimientos

A Mábel Villaescusa y Pilar Verdú, por sus ideas y apreciaciones. Gracias por estar siempre dispuestas a echarme una mano.

También a Marta, Javi, María, Quique, Mónica, Paula, Sandra, Ester y un largo etcétera de educadores con quienes he debatido sobre estas ideas para así afinarlas.

Y finalmente, a todos esos alumnos y alumnas que han hecho que me considere muy afortunado por dedicarme a la docencia.

Colección Paisaje *mini*

Otros títulos publicados

1. *El arte de leer las calles*, de Fiona Songel.

2. *El arte de contar la naturaleza*, de Luci Romero.

3. *El arte de encender las palabras*, de Berta García Faet.

4. *El arte de inventar la realidad*, de Áurea Ortiz Villeta.

5. *El arte de invocar la memoria*, de Esther L. Barceló.

6. *El arte de educar a estúpidos*, de Alberto T. Blandina.

Colección Paisaje

Otros títulos publicados

Mentiras monumentales, de Robert Bevan.

Energy Fakes, de Pedro Fresco.

Desconexión, de Manuel Alcántara Pla.

Ballenas invisibles, de Paula Díaz Altozano.

El bosque, de Anne Sverdrup-Thygeson.

La Europa negra, de Mark Mazower.

Colección Recóndita

Otros títulos publicados

Tremendas, de Majo Siscar Banyuls.

Clara Schumann, de Nancy B. Reich.

Pasaporte Nansen, de Ivan Sobolev.

Notas a Apocalypse Now, de Eleanor Coppola.

Magia Cruda. Una biografía de Sylvia Plath, de Paul Alexander.

Urbanas y modernas, de Alfonsina Storni.

Desde Barlin Libros agradecemos tu interés
en *El arte de educar a estúpidos*.
Para enterarte de todas nuestras
novedades y publicaciones,
no dudes en visitarnos en:

www.barlinlibros.org

Y seguirnos en:

@barlinlibros

Asimismo, te invitamos a trasladarnos
cualquier consulta, duda, comentario
o sugerencia a través de nuestro e-mail:

editorial@barlinlibros.org

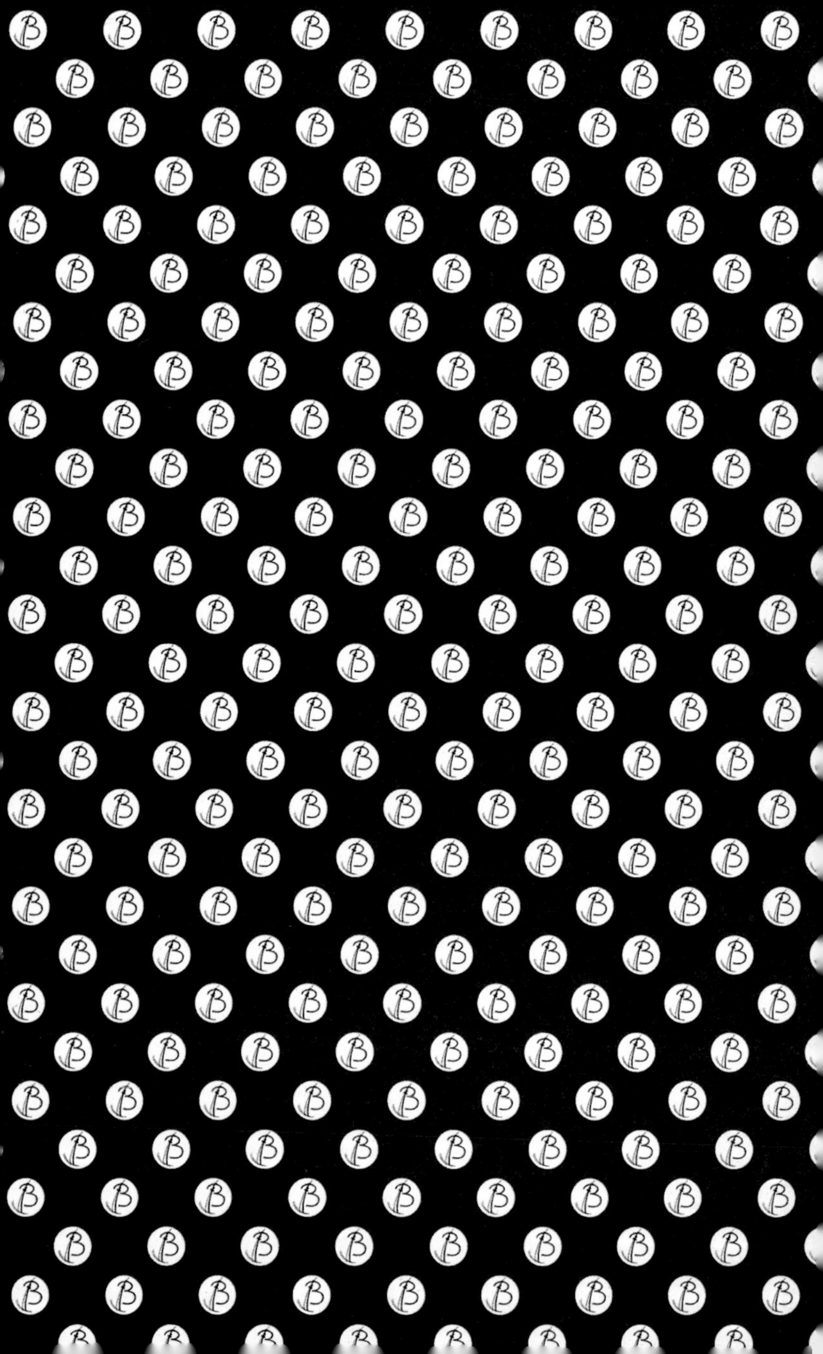

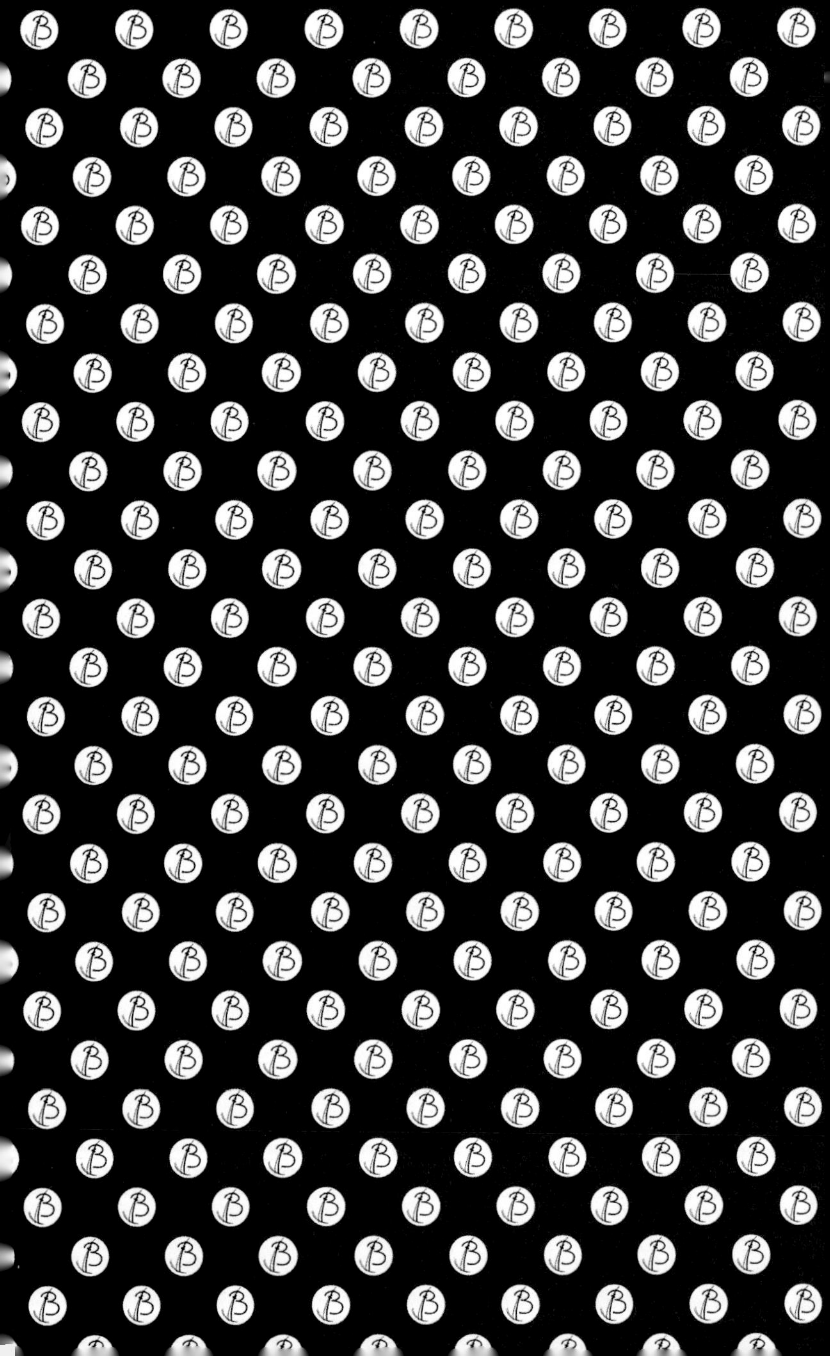